D1660615

Stefan Lorenz

Chinesische und westliche Entwicklungshilfe in Afrika im Vergleich

Cui bono?

Bachelor + Master
Publishing

Lorenz, Stefan: Chinesische und westliche Entwicklungshilfe in Afrika im Vergleich: Cui bono?, Hamburg, Bachelor + Master Publishing 2013
Originaltitel der Abschlussarbeit: Chinas Engagement in Afrika: Entwicklungspolitik jenseits westlicher Vorstellung?

Buch-ISBN: 978-3-95549-468-1
PDF-eBook-ISBN: 978-3-95549-968-6
Druck/Herstellung: Bachelor + Master Publishing, Hamburg, 2013
Covermotiv: © Kobes · Fotolia.com
Zugl. Universität Rostock, Rostock, Deutschland, Bachelorarbeit, 2013

Bibliografische Information der Deutschen Nationalbibliothek:
Die Deutsche Nationalbibliothek verzeichnet diese Publikation in der Deutschen Nationalbibliografie; detaillierte bibliografische Daten sind im Internet über http://dnb.d-nb.de abrufbar.

Das Werk einschließlich aller seiner Teile ist urheberrechtlich geschützt. Jede Verwertung außerhalb der Grenzen des Urheberrechtsgesetzes ist ohne Zustimmung des Verlages unzulässig und strafbar. Dies gilt insbesondere für Vervielfältigungen, Übersetzungen, Mikroverfilmungen und die Einspeicherung und Bearbeitung in elektronischen Systemen.

Die Wiedergabe von Gebrauchsnamen, Handelsnamen, Warenbezeichnungen usw. in diesem Werk berechtigt auch ohne besondere Kennzeichnung nicht zu der Annahme, dass solche Namen im Sinne der Warenzeichen- und Markenschutz-Gesetzgebung als frei zu betrachten wären und daher von jedermann benutzt werden dürften.

Die Informationen in diesem Werk wurden mit Sorgfalt erarbeitet. Dennoch können Fehler nicht vollständig ausgeschlossen werden und die Diplomica Verlag GmbH, die Autoren oder Übersetzer übernehmen keine juristische Verantwortung oder irgendeine Haftung für evtl. verbliebene fehlerhafte Angaben und deren Folgen.

Alle Rechte vorbehalten

© Bachelor + Master Publishing, Imprint der Diplomica Verlag GmbH
Hermannstal 119k, 22119 Hamburg
http://www.diplomica-verlag.de, Hamburg 2013
Printed in Germany

Inhalt

Abkürzungsverzeichnis V

1. Einleitung 2

   1.1 Literatur und Quellenlage 2

   1.2 Anmerkung zu sprachlichen Elementen 3

2. Die Entstehung der westlichen Ausprägung von Entwicklungshilfe 4

   2.1 Die Kolonialhilfe als Ursprung der Entwicklungshilfe 4

   2.2 Der Wiederaufbau Europas als Blaupause der Entwicklungspolitik 5

   2.3 Die Vorphase der öffentlichen Entwicklungshilfe 5

   2.4 Die erste Entwicklungsdekade (1961 – 1970) – Modernisierung & Industrialisierung ... 6

   2.5 Die zweite Entwicklungsdekade (1971 – 1980) – Dependenztheorie & Grundbedürfnisstrategie 8

      2.5.1 Definition der ODA-Entwicklungshilfe 9

   2.6 Die dritte Entwicklungsdekade (1981 – 1990) – Das verlorene Jahrzehnt 10

   2.7 Die vierte Dekade (1991 – 2000) – Neuorientierung und nachhaltige Entwicklung 12

   2.8 Die gegenwärtige Situation der Entwicklungshilfe 13

      2.8.1 Die „Neuen Geber" 13

3. Ein alter „neuer" Akteur – die sino-afrikanische Verbindung 14

   3.1 Chinas Afrikapolitik in den fünfziger und sechziger Jahren – Revolutionäre Phase und Zwischenzonentheorie 14

   3.2 Von Bandung bis zur Kulturrevolution 15

   3.3 Die siebziger und achtziger Jahre – Reform und Stabilität 17

   3.4 Die neunziger Jahre – Re-Orientierung nach Afrika 18

4. Chinas Engagement in Afrika 20

   4.1 Schlüsselfaktoren 20

      4.1.1 Die Energie- und Ressourcensicherung: 20

      4.1.2 Neue Absatzmärkte: 21

4.2 FOCAC - Forum für chinesisch-afrikanische Kooperation 21

    4.2.1 FOCAC 2000 und 2003 21

    4.2.2 Eine neue strategische Partnerschaft - Das dritte FOCAC und das Pekinger-Gipfeltreffen 2005 22

    4.2.3 Das FOCAC als Steuerungsinstrument der sino-afrikanischen Beziehungen 24

5. Die chinesische Entwicklungszusammenarbeit 24

    5.1 Organisation der Entwicklungszusammenarbeit 24

    5.2 Formen der chinesischen Entwicklungshilfe 28

        5.2.1 Die finanzielle Grundformen 28

        5.2.2 Die Finanzierungsprogramme 29

        5.2.3 Die Schwerpunktbereiche der chinesischen Entwicklungshilfe 30

        5.2.4 Die Gewährung chinesischer Zuschüsse 30

        5.2.5 Die Gewährung von *Concessional loans* 31

        5.2.6 Ressourcen für Infrastruktur – das Angola-Modell 32

    5.3 Das Volumen chinesischer Entwicklungshilfe 33

        5.3.1 Zahlen für das chinesische Entwicklungshilfevolumen 34

        5.3.2 Die Empfänger der Entwicklungshilfe 35

        5.3.3 Entwicklungshilfe über multilaterale Systeme 36

6. Chinas Handel mit Afrika 36

    6.1 Chinas Erdölimporte 36

        6.1.1 Ölfördernde Staatsunternehmen 37

        6.1.2 production-sharing agreements und package deals 38

    6.2 Direktinvestitionen (FDI) 39

        6.2.1 Der chinesisch-afrikanische Entwicklungsfond 39

        6.2.2 Special Trading Zones 39

7. Profitiert Afrika? 40

    7.1 The Dutch Disease – die holländische Krankheit 40

    7.2 Steigender Konkurrenzdruck 40

7.3 Chance und Risiko in gleichem Maße 41

8. China in Afrika und die Folgen für die Politik des Westens 42

    8.1 Schurkenhilfe und Eigeninteresse 43

    8.2 … der werfe den ersten Stein 43

9. Anders und doch gleich 44

Quellen und Literaturverzeichnis 46

Abbildungsverzeichnis 51

Abkürzungsverzeichnis

AGOA	African Groth and Opportunity Act
CDB	Chinese Development Bank
CNOOC	China National Offshore Oil Corporation
CNPC	China National Petroleum Corporation
DAC	Development Assistance Committee
DFAC	Department Aid to Foreign Countries
DFEC	Department of Foreign Economic Cooperation
ECCO	Economic Commercial and Councilors Office
FDI	Foreign Direct Investment
FOCAC	Forum on China-Africa Co-Operation
IDA	International Development Association
IWF	Internationaler Währungsfond
MDG	Millenium Development Goals
MOF	Ministry of Finance
MOFA	Ministry of Foreign Affairs
MOFCOM	Ministry of Commerce
NDRC	Nationale Entwicklungs- und Reformkommission
NEPAD	The New Partnership for Africans Development
NWWO	Neue Weltwirtschaftsordnung
ODA	Official Development Aid
OECD	Organisation for Economic Co-Operation and Development
PSA	production sharing agreements
UN	Vereinte Nationen / United Nations
UNCTAD	United Nations Conference on Trade and Development
UNDP	United Nations Development Program
UNESCO	United Nations Educational, Scientific and Cultural Organization
WHO	World Health Organization

1. Einleitung

Chinas ökonomischer Aufstieg und sein steigendes Engagement in Afrika stoßen gerade im Westen auf viel Skepsis und Kritik. Die Darstellung Chinas ist stellenweise schon fast dämonisierend und auch in der Politik wird die Rolle Chinas sehr kritisch betrachtet. Ein Vorwurf, der häufig formuliert wird, ist der des Neokolonialismus. Selbst angesehene Politiker vertreten diese Position: „Wir haben es doch in der Kolonialzeit gesehen, wie leicht das geht: reinkommen, die Ressourcen zu räubern, die Herrscher zu bezahlen und wieder zu verschwinden." (Spiegel 28.07.2011) Mit diesen Worten wird zum Beispiel Hillary Clinton zu diesem Thema zitiert.

Aber stimmt dieses Bild? Die chinesische Rhetorik allein lässt darüber keinen Schluss zu. China stellt sich selbst als Entwicklungsland dar, das den Aufstieg, den es selbst geschafft hat, auch anderen Ländern ermöglichen will. Die Ressourcen sind für China notwendig, aber es bietet dafür großzügig Hilfe an. Auch diese Darstellung ist einseitig und greift zu kurz. Der chinesische Einfluss auf Afrika ist größer und läuft nicht nur über Ressourcenhandel und Entwicklungshilfe.

Wie sieht das chinesische Engagement aus? Und ist es wirklich so weit entfernt vom westlichen Handeln in Afrika. Dies ist die Frage, die diese Arbeit beantworten möchte.

Um die Unterschiede zwischen Chinas und der westlichen Art der Zusammenarbeit herauszuarbeiten ist es notwendig, beide Seiten zu beleuchten. Das erste Kapitel gibt deshalb einen knappen Abriss der Historie der Entwicklungshilfe des „Westens". Danach soll die jüngere Geschichte betrachtet werden, um genau zu sein die Beziehungen zwischen China und Afrika in den letzten sechzig Jahren. China zählt zwar als „Neuer Geber", ist aber genauso lange an Entwicklungshilfeprojekten beteiligt wie der Westen – wenn auch unter anderen Vorzeichen. Das gegenwärtige chinesische Engagement wird ab dem vierten Kapitel genau betrachtet, inklusive der beteiligten Akteure und der ergriffenen Maßnahmen. Schließlich soll noch einmal dargestellt werden, was das chinesische Engagement für die Politik des Westens in Afrika bedeutet.

1.1 Literatur und Quellenlage

Der erste Teil der Arbeit befasst sich mit dem Thema Entwicklungspolitik im Allgemeinen. Die Literatur hierfür kam ausschließlich aus dem deutschsprachigen Raum. Die Entwicklungspolitik ist hier ein vielbearbeitetes Thema, das sich aber regelmäßig kritisch mit dem Konzept der Entwicklungshilfe auseinander setzt. Besonders die einführende Darstellung von

Lachmann (2010) sowie auch die umfangreiche Arbeit von Nuscheler (u.a. aus dem Jahr 2006) und Ihne (2006) sind in die Darstellung der Entwicklungspolitik eingeflossen.

Die Literatur über die Chinesische Entwicklungs- und Afrikapolitik ist dagegen im deutschsprachigen Raum noch sehr übersichtlich. Der wahrscheinlich umfangreichste Artikel kommt von Asche und Schüller (2008). Im englischsprachigen Raum wurde dagegen eine wahre Flut von Literatur veröffentlicht, die größtenteils aus den letzten fünf bis sieben Jahren stammt. Die Monographien von Taylor (2006 und 2010) können dabei fast schon als Standardwerk bezeichnet werden. Des Weiteren gibt es viele Sammelbänder zu diesem Thema, unter anderem Alden 2008 und Kitissou 2007, die durch die vielfältige Betrachtungsweise der Autoren ein recht ausgewogenes Bild der China-Afrika-Verbindungen präsentieren.

Ebenso gab es in den letzten Jahren verschiedene Studien, die sich mit diesen Beziehungen auseinandersetzten. Beispielsweise trägt die Studie von Penny Davies (2007) sehr zum Verständnis dieses Themas bei. Des Weiteren soll hier eine erst vor kurzem in Deutschland fertig gestellte Studie aus Göttingen von Dreher und Fuchs (2012) erwähnt werden, die sich mit dem Vorwurf beschäftigt, chinesische Entwicklungshilfe sei „Rogue Aid" und die sehr detailliert versucht, die geleistete chinesische Entwicklungshilfe darzustellen.

Die Anzahl an Artikeln in Fachzeitschriften ist dagegen äußerst umfangreich und mittlerweile existiert mit dem China Monitor des Centre for Chinese Studies der südafrikanischen Stellenbosch-Universität eine Fachzeitschrift, die sich ausschließlich dem Thema der afrikanisch-chinesischen Beziehungen widmet.

Die Quellenlage in Bezug auf die chinesische Afrikapolitik ist sehr spärlich. Zwar hat China in den letzten Jahren verschiedene Weißbücher für seine Afrikapolitik veröffentlicht, aber die vorgestellten Zahlen über Volumen und Ziele der Afrikapolitik (also Handel und Entwicklungspolitik) sind recht allgemein gehalten. Eingang in diese Arbeit fanden verschiedene Veröffentlichungen des chinesischen Wirtschaftsministeriums, sowie die Abschlusserklärung des Pekinger Gipfels *zum Forum on China-Africa-Cooperation* und nicht zuletzt das 2011 von der chinesischen Regierung veröffentlichte Weißbuch zum Thema Auslandshilfe.

1.2 Anmerkung zu sprachlichen Elementen

Die Diskurse in der Forschung zur Entwicklungspolitik haben verschiedene Begrifflichkeiten für Entwicklungshilfe oder Entwicklungszusammenarbeit etc. hervorgebracht, immer auch bestimmt von den vorherrschenden Meinungen über dieses Thema. Für die sprachliche Vielseitigkeit und bessere Lesbarkeit habe ich in dieser Arbeit alle diese Begrifflichkeiten verwendet.

2. Die Entstehung der westlichen Ausprägung von Entwicklungshilfe

Bis heute ist die Entwicklungszusammenarbeit westlich dominiert. Dies gilt für die Ausrichtung der Entwicklungshilfe ebenso wie für die formulierten Ziele. Ein Grund dafür ist das Kolonialsystem, aus dem die Entwicklungspolitik entstanden ist. Das Konstrukt der Entwicklungszusammenarbeit selbst ist noch verhältnismäßig jung (Lachmann 2010, S. 3), hat aber bereits mehrere Veränderungen durchgemacht, die immer von den vorherrschenden Machtkonstellationen innerhalb der nationalen Beziehungen geprägt waren. (Andersen 1995, S. 88) Die Beteiligung der Entwicklungsländer (EL) an den Veränderungsprozessen war darum stets gering; sie wurden meistens in die Rolle der passiven Empfänger gedrängt.

2.1 Die Kolonialhilfe als Ursprung der Entwicklungshilfe

Gemeinhin wird angegeben, dass die Entwicklungspolitik erst nach dem zweiten Weltkrieg ihren Anfang nahm. Allerdings gab es schon in den 20er Jahren durch die Kolonialmächte Frankreich und Großbritannien Hilfsprogramme für deren Kolonien, die in ihren Akzenten den Entwicklungshilfeprogrammen späterer Jahre ähnelten. So förderte Frankreich, basierend auf Plänen des damaligen sozialistischen Kolonialministers Sarraut, Projekte, die öffentliche Arbeiten in den französischen Kolonien unterstützten und finanzierte dies durch staatliche Anleihen. (Büschel 2010, S. 3) In Großbritannien verabschiedete 1929 das Londoner Parlament den *Colonial Development Act*, durch den jährlich eine Million Pfund für Infrastruktur, Gesundheit, Ausbildung und Agrarentwicklung für die Kolonialgebiete zur Verfügung gestellt wurden. Mittels Krediten und Schenkungen sollte die Entwicklung der Landwirtschaft und der Industrie in den Kolonien vorangetrieben werden. (Kruse-Rodenacker et al. 1970, S. 166)

Diese Förderungen waren aber nicht ausschließlich auf den entwicklungspolitischen Aspekt ausgerichtet, sondern es ging zusätzlich darum, der angespannten Wirtschaftslage Herr zu werden. Die Kolonien sollten als Rohstofflieferanten und als Exportmärkte entwickelt werden (Büschel und Speich 2009, S. 94) und man versprach sich positive Auswirkungen auf den inländischen Arbeitsmarkt. (Kruse-Rodenacker et al. 1970, S. 166)

In Großbritannien erfolgte 1940, als Reaktion auf die wachsenden Spannungen in den Kolonien, eine Weiterentwicklung der Ziele dieses Gesetzes. (Büschel und Speich 2009, S. 94) Der *Development und Welfare Act* hatte nun erstmalig auch das Ziel, durch Finanztransfers den Lebensstandard in den Kolonien zu heben, indem beispielsweise Mittel auch dazu verwendet wurden, das Erziehungs- und Bildungssystem der Kolonien umzugestalten. Dies war ein erster Schritt von Kolonialpolitik zur Entwicklungspolitik. Allerdings war die Umsetzung dieser Politik nur begrenzt möglich, da die finanziellen Mittel Großbritanniens durch den zweiten Weltkrieg stark eingeschränkt waren. (Kruse-Rodenacker et al. 1970, S. 167)

2.2 Der Wiederaufbau Europas als Blaupause der Entwicklungspolitik

Nach dem zweiten Weltkrieg war zuerst der Wiederaufbau Europas das wichtigste Ziel von Entwicklungsstrategien für die Weltwirtschaft. Noch während dieses Krieges, am 01. Juli 1944, hatten sich Vertreter von 44 Staaten in Bretton-Woods getroffen und einigten sich auf ein neues internationales Währungssystem. Gleichzeitig wurde aber auch darüber diskutiert, wie man die Kriegsfolgen in Europa bewältigen und die soziale, politische und ökonomische Stabilität wiederherstellen könnte. Außerdem gründete man hier auch die Organisationen, die in später Jahren entscheidend an der Entwicklungshilfe beteiligt waren: Die „Internationale Bank für Wiederaufbau und Entwicklung", umgangssprachlich auch Weltbank genannt, und den internationalen Währungsfond (IFW).

Höhepunkt der Hilfe zum Wiederaufbau Westeuropas war der Marshallplan, so genannt nach dem damaligen US-Außenminister George C. Marshall. Dieser beinhaltete ein Rettungspaket in Höhe von 20 Milliarden Dollar, welches den europäischen Ländern zur Verfügung gestellt werden sollte, wenn sich die Europäer im Gegenzug dazu zu verpflichteten, Pläne für eine Stabilisierung ihrer Staatsfinanzen und für eine ökonomische Belebung vorzulegen. Durch den Marshallplan flossen im Zeitraum von fünf Jahren rund 12,3 Milliarden US-Dollar nach Europa, die teils als langfristige Kredite, teils als Zuschüsse ausgezahlt wurden. (Baumann 1990, S. 22)

Der Erfolg der Wiederaufbauhilfe Europas hatte eine Vorbildpolitik geschaffen, die auch die erste Phase der UN-gesteuerten Entwicklungspolitik in den sechziger Jahren beeinflussen sollte.

2.3 Die Vorphase der öffentlichen Entwicklungshilfe

Schon relativ kurz nach Beendigung des zweiten Weltkriegs hatte ein neuer Konflikt begonnen - der Kalte Krieg. Sowohl die Sowjetunion als auch die USA versuchten mit allen Mitteln ihren Einfluss zu vermehren. Gerade die Entwicklungsländer entwickelten sich dabei zum heißumkämpften Gebiet. Während die Sowjetunion ihr Ordnungs- und Industrialisierungsmodell (Kommunismus) als adäquate Strategie für die wirtschaftliche Entwicklung propagierte, versuchten die USA ihr Entwicklungsmodell durch Finanzhilfe und Beratungstätigkeiten für die Entwicklungsländer attraktiv zu machen. (Menzel 1992, S. 137) Mit den Mitteln der Außenwirtschaftspolitik sollte eine Annäherung an den jeweils anderen verhindert werden. Tatsächlich hatten die westlichen Industrieländer dabei einen großen Vorsprung, denn 90 Prozent der bis zur Mitte der fünfziger Jahre geleisteten „Entwicklungshilfe" kamen aus den USA sowie von Frankreich und Großbritannien. (Lachmann 2010, S. 4)

Dieses Jahrzehnt war aber auch durch einen anderen Prozess geprägt – der Dekolonialisierung. In Afrika setzte sich eine Unabhängigkeitswelle fort, die in Asien ihren Anfang genommen hatte und die aufgrund der noch immer anhaltenden „Erschöpfung" der beiden Kolonialmächte Frankreich und Großbritannien schließlich von Erfolg gekrönt war. (Ansprenger 1995, S. 70) Zwischen 1956 und 1966 erklärten sich 31 Staaten Afrikas für unabhängig, allein 17 davon im Jahr 1960. (Gieg 2010, S. 25)

Diese Entwicklung veränderte die politische Weltkarte und damit auch die Zusammensetzung in den Vereinten Nationen (UN), denn nun war die Mehrheit der Mitglieder aus dem sogenannten Süden und gehörte damit zu den Entwicklungsländern. Die Entwicklungspolitik erhielt darum ein größeres Eigengewicht. (Nuscheler 2006, S. 78) Die ab diesem Zeitpunkt erfolgenden Bestrebungen, die Entwicklungspolitik zu verändern, lässt sich am verständlichsten mit dem Dekaden-Modell der Vereinten Nationen darstellen.

2.4 Die erste Entwicklungsdekade (1961 – 1970) – Modernisierung & Industrialisierung

Die Entwicklungspolitik erfuhr zum Beginn der sechziger Jahre eine regelrechte Institutionalisierung. Beispielsweise wurde 1960 die *International Development Association* (IDA) gegründet, eine Untergruppe der Weltbank, die mit der Armutsbekämpfung beauftragt wurde, ein Jahr später das *Development Assistance Commitee* (DAC)[1] und 1965 erfolgte die Gründung der *United Nations Development Programme* (UNDP). IDA und DAC waren dabei durch die Industriestaaten dominiert (Lachmann 2010, S. 4), in der UN galt dagegen das „eine Nation – eine Stimme"-Prinzip, weswegen hier die Entwicklungsländer mehr Einflussmöglichkeiten hatten.

---

[1] DAC ist der Entwicklungshilfeausschuss der OECD

Gegen den Willen der Industriestaaten und auf Wunsch der Entwicklungsländer wurde 1964 die UNCTAD-Konferenz[2] ins Leben gerufen. Hier bildete sich auch die „Gruppe der 77", ein Zusammenschluss von Entwicklungsländern, die sich als Vertretung und Stimme der dritten Welt verstanden. (Kaiser und Wagner 1991, S. 204) Die UNCTAD war gedacht als Forum für die Verbindung zwischen Handel und Entwicklung nach dem Muster „*Trade not Aid*". Allerdings konnte sie sich nie richtig durchsetzen und verlor ab den siebziger Jahren zunehmend an Bedeutung, da die westlichen Industrieländer dieses Forum nie in diesem Sinne nutzen wollten. (Andersen 2005, S. 38)

Geprägt war die erste Phase der Entwicklungspolitik durch die Modernisierungstheorie. Die Annahme, die auf den Marshallplan-Erfahrungen in Europa fußte, war, dass sich die Entwicklungsländer aus ihrer schlechten Situation nur befreien könnten, wenn sie eine Industrialisierung nach westlichem Vorbild durchlaufen würden. (Büschel 2010, S. 5) Die Entwicklungshilfe wurde darum als Startkapital betrachtet, das notwendig war, um Investitionen in größerem Maßstab anzuregen, in deren Folge es zu einem sich selbst tragenden Wachstum kommen würde. (Andersen 1995, S. 88) Von dieser so ausgelösten Industrialisierung versprach man sich einen *trickle-down*-Effekt (Durchsickerungseffekt), der auch die einzelnen Bedürftigen erreichen würde. Einen weiteren positiven Effekt versprachen sich die Entwicklungsländer von einer besseren Einbindung auf dem Weltmarkt. (Büschel 2010, S. 5)

In den nächsten Jahren kam es zwar zu einer durchschnittlichen Wachstumsrate von ca. 5 Prozent in den Entwicklungsländern (2,5 Prozent, wenn man die Entwicklung der Bevölkerungszahlen einbezog), jedoch nicht zum erhofften *trickle-down*-Effekt. (Andersen 1995) Der von der Weltbank in Auftrag gegebene Pearson-Bericht konstatierte, dass dieses Wachstumskonzept gescheitert sei und begründete dies unter anderem damit, dass es zu einem regionalen Ungleichgewicht gekommen war und die Nutznießer der Entwicklungshilfe fast ausschließlich die Eliten der Entwicklungsländer waren[3]. (Ihne und Wilhelm 2006, S. 10) Unterstrichen wurde weiterhin, dass die Annahme, dass Wachstums automatisch zu Entwicklung führe, möglicherweise zu optimistisch sei und zusätzlich die weltwirtschaftlichen Rahmenbedingungen zu wenig berücksichtigt würden. (Menzel 1992, S. 40) Ein weiterer Kritikpunkt war, dass „[…] Ein Großteil der bilateralen Hilfe [nur dazu diente] kurzfristige politische oder

---

[2] United Nations Conference on Trade and Development - Welthandelskonferenz
[3] Die Maßnahmen kamen nur den reichsten 40 Prozent der Bevölkerung zu Gute. Nuscheler 2006, S. 79

strategische Vorteile zu erlangen oder Exporte der Geberländer zu fördern." (Pearson-Bericht (S.22) zitiert nach (Nuscheler 2006, S. 78))

2.5 Die zweite Entwicklungsdekade (1971 – 1980) – Dependenztheorie & Grundbedürfnisstrategie

Nachdem die Idee von „Entwicklung durch Wachstum" in die Kritik geraten war, zeigte sich eine deutliche Veränderung in den Grundannahmen, wie Entwicklungshilfe geleistet werden müsse. Die Kritik wurde nicht nur von westlichen Beteiligten geübt, sondern es kam vermehrt zu Kritik aus den Entwicklungsländern selbst. Die Vordenker der Dependenz-Theorie[4] sahen die Schuld für die Unterentwicklung der Entwicklungsländer in dem Verhalten der Industrieländer. Anders ausgedrückt: Der Aufstieg der Industrieländer war nur möglich durch die Ausbeutung der Entwicklungsländer (zum Beispiel durch Kolonialisierung). (Wolff 1998, S. 292) Die Strukturen, die von den westlichen Industrieländern geprägt und dominiert wurden, existierten auch weiterhin, trotz aller Entwicklungshilfe. Damit die armen Länder aufschließen könnten, müsste nach Meinung der Dependenz-Anhänger eine Neue Weltwirtschaftsordnung (NWWO) herbeigeführt werden. (Andersen 1995)

Diese Weltwirtschaftsordnung war auf vier Eckpfeiler aufgebaut. Erstens sollten die Länder das Recht auf die Kontrolle der eigenen Ressourcen erhalten, außerdem wurde eine Demokratisierung der internationalen Organisationen wie Weltbank und IWF gefordert, bei denen die Stimmstärke nach Kapitalgewicht ausgerichtet ist. Zweitens wollte man eine Öffnung der Exportmärkte für die Entwicklungsländer erreichen, die auch den Möglichkeiten der Entwicklungsländer entsprachen. (Beispielsweise waren Agrarexporte mit hohen Handelshemmnissen versehen, während Fertigwaren exportiert werden durften, die aber kaum von Entwicklungsländern hergestellt werden konnten.) Drittens forderte man eine Regulierung der Weltrohstoffmärkte, um den Preisschwankungen zu entgehen, welche die fragile Wirtschaft der Entwicklungsländer belastete. Außerdem forderten die Entwicklungsländer, dass es weiterhin zu einer Förderung der Industrialisierung durch Wissens- und Kapitaltransfers kommen sollte. (Menzel 1992, S. 143f)

Die Entwicklungsländer bemühten sich, bei der UN diese Debatte über die neue Wirtschaftsordnung in Gang zu bringen. Die „Erklärung über die Errichtung einer neuen Weltwirt-

---

[4] Eine alleinstehende Dependenz-Theorie gab es genaugenommen nicht. Es handelte sich eher um eine Vielzahl von Theorien, die vornehmlich in Lateinamerika entwickelt wurden und stellenweise stark gegeneinander ausgerichtet waren. vgl hierzu auch: Wolff 1998, S. 291ff

schaftsordnung" und die „UN-Charta über die wirtschaftlichen Rechte und Pflichten von Staaten", welche gegen den Widerstand einiger Industrieländer verabschiedet wurden, kann als kleiner Erfolg für die Entwicklungsländer und die dependenztheoretischen Ansätze verzeichnet werden. (Ihne und Wilhelm 2006, S. 11) Aber zu einer realpolitischen Umsetzung dieser neuen Wirtschaftsordnung führte dies nicht.

Stattdessen wurde 1973 die Grundbedürfnisstrategie vorgestellt. Robert McNamara, damaliger Präsident der Weltbank, schloss sich mit dieser Strategie der Kritik des Pearson-Berichtes an, legte die ungerechte Verteilung der Entwicklungshilfe als wesentlichen Faktor des Scheiterns fest und zog daraus den Schluss, dass der Kampf gegen die Armut entwicklungspolitischen Vorrang erhalten müsste. (Nuscheler 2006, S. 79) Die „neue" Entwicklungshilfe war nun nicht länger auf die Überwindung der industriellen Unterentwicklung gerichtet, sondern es sollte die Armut der Bevölkerung bekämpft werden. Die Programme der Weltbank und der UN wurden dementsprechend angepasst. Auch andere Organisationen wie UNESCO und WHO veränderten und schufen, der Grundbedürfnisstrategie entsprechend, Programme, die allerdings mit ihren Umsetzungen weit hinter den Vorstellungen der Entwicklungsländer und auch der schaffenden Organisationen zurückblieben. (Nuscheler 2006, S. 80)

In den siebziger Jahren gab es noch weitere Änderungen, die elementar für die Entwicklungspolitik waren. Schon 1970 verabschiedeten die Geberländer die UN-Resolution 2626, in der sie sich verpflichteten, die öffentliche Entwicklungshilfe auf 0,7 % ihres Bruttosozialproduktes (heute 0,7 % des Bruttonationaleinkommens) anzuheben. Jedoch haben bis heute nur wenige Länder dieses Ziel auch erreicht. (Ihne und Wilhelm 2006, S. 10f)

Außerdem wurde 1974 erstmalig festgelegt, was als *Official Development Aid* (ODA) gewertet werden durfte. (Führer 1996, S. 24)

2.5.1 Definition der ODA-Entwicklungshilfe

Die Verhandlungen über diese Festlegungen dauerten mehrere Jahre und sollten dazu dienen, eine bessere Vergleichbarkeit von geleisteter Entwicklungshilfe herzustellen. Bis heute gelten, allerdings mit Erweiterungen, diese Standards für die OECD-Länder, die 1974 geschaffen wurden.

Als Entwicklungshilfe, oder um den englischen Term zu nutzen *Official Development Aid* (ODA), zählen alle unentgeltlichen oder zinsgünstigen Leistungen, die von Staaten oder multilateralen Organisationen an Entwicklungsländer gewährt werden, wenn sie dabei folgende Punkte erfüllen:

- Ein Schenkungs- oder Zuschussanteil von mindestens 25 Prozent,
- finanziert durch öffentliche Mittel,
- mit dem vorrangigen Ziel der Förderung der wirtschaftlichen Entwicklung und der Hebung des Lebensstandards eines Entwicklungslandes. (Ihne und Wilhelm 2006, S. 25)

Wichtig ist auch, dass die Empfänger Entwicklungsländer oder internationale Organisationen gemäß der Länderliste I bzw. der Liste „Internationaler Organisationen" des DAC sind. Zu den Hilfsmaßnahmen gehören technische Zusammenarbeit, finanzielle Zusammenarbeit, soweit es keine Darlehen betrifft, Beiträge an internationale Organisationen, soweit sie Entwicklungsländer fördern, und Schuldenerlasse. (Lachmann 2010, S. 6)

Dabei wurde die anrechenbare Leistung in den letzten Jahren immer wieder erweitert. Demnach können die staatlichen Verwaltungskosten, die durch Entwicklungshilfe entstehen ebenso angerechnet werden wie Flüchtlingshilfe (Ihne und Wilhelm 2006, S. 25) oder die Kosten für die Beteiligung an UN-Friedensmissionen. (Nuscheler 2006, S. 92)

2.6 Die dritte Entwicklungsdekade (1981 – 1990) – Das verlorene Jahrzehnt

Für die siebziger Jahre gab die Weltbank erneut einen Bericht in Auftrag, der sich, diesmal unter der Leitung von Willy Brandt, mit der Nord-Süd-Problematik auseinandersetzte. Bezeichnenderweise übernahm dieser Bericht viele Forderungen des Südens, welche die Reformen der Nord-Süd-Beziehungen betraf, und stieß dafür auf viel Kritik. (Nuscheler 2006, S. 80)

Das Ende der siebziger Jahre und der Anfang der achtziger Jahre waren geprägt durch die zweite Ölkrise, den Iran-Irak-Krieg und damit verbunden eine allgemeine Verschlechterung der weltwirtschaftlichen Rahmenbedingungen. (Ihne und Wilhelm 2006, S. 11) Die Zentralbanken der Geberländer reagierten auf diese angespannte wirtschaftliche Lage durch die Anhebung des allgemeinen Zinsniveaus, was eine direkte negative Folge für die Entwicklungsländer mit sich brachte. Diese hatten in den siebziger Jahren vermehrt Kredite mit variablen und zunächst niedrigen Zinssätzen erhalten[5], welche nun heraufgesetzt wurden, woraufhin sich die angenommenen Kredite für diese Länder verteuerten, dazu kamen eine weltweite

---

[5] Die mengenmäßige Importanfrage der IL und die Petrodollar-Überschüsse die durch hohe Rohstoffpreise entstanden waren und die angelegt werden sollten, führten zu extrem niedrigen, stellenweise negativem Realzinsen, welche eine Kreditaufnahme für Entwicklungsländer problemlos möglich machte. Das führte dazu, dass die auf wirtschaftliches Wachstum ausgerichtete Politik der Industrieländer, dieses Wachstum mit geringen Steuern und fragwürdigen Subventionen unterstützte. (Sangmeister 1992, S. 328)

Rezession und ein starker Preisverfall bei Rohstoffen. Die Schuldenlast für die Entwicklungsländer wurde übermächtig und viele Entwicklungsländer, beispielsweise Angola, Gambia, Kongo und Mosambik, waren nicht mehr in der Lage, die Kredite zu bedienen. (Moyo 2011, S. 46) Nach 1982 war die Schuldenlast der Dritten Welt so stark angewachsen, dass die für den Schuldendienst erbrachten Mittel die vom Norden geleistete ODA sowie private und öffentlich gegebene Kredite überstiegen. (Nuscheler 2006, S. 80)

Die generelle Debatte über Entwicklungshilfe nahm aufgrund dieser wirtschaftlichen Situation und der Folgen des letzten Jahrzehntes erneut eine Wendung. Die Dependenz-Ansätze und die Diskussionen über eine NWWO, die der Brandt-Bericht 1980 noch in seine Überlegungen für innovative Entwicklungshilfe mit einbezog, wurden aufgrund der realen Wirtschaftspolitik bedeutungslos. Alternative Ideen mit sozialistischem Hintergrund waren durch die Krisen des sowjetischen Entwicklungsmodells für die Entwicklungsländer ebenfalls nicht mehr attraktiv. (Andersen 1995, S. 89)

Um die globale Finanzstabilität zu sichern, wurden nun für die Entwicklungsländer durch den Internationalen Währungsfond und die Weltbank Strukturanpassungsprogramme entwickelt, die anstelle von armutsbezogener Entwicklungshilfe gezahlt wurden und die als Nebeneffekt die Lebensbedingungen der Bevölkerung der Entwicklungsländer erheblich verschlechterten und den sozialen Konsens innerhalb dieser Länder negativ beeinträchtigten.(Ihne und Wilhelm 2006, S. 11) Länder, welche die Hilfe von IWF und Weltbank in Anspruch nahmen oder in Anspruch nehmen wollten, mussten sich diesen Anpassungsprogrammen unterwerfen. Die Strukturanpassungsprogramme beinhalteten eine Liberalisierung des Handels und Förderung der freien Wirtschaft, die Reduzierung staatlicher Kredite und Senkung der öffentlichen Ausgaben sowie eine Abwertung der Währung. (Lachmann 2010, S. 18f) Diese Forderungen waren Teile des „Konsens von Washington", die nicht nur durch den IWF und die Weltbank, sondern auch durch die US-Regierung und international operierende Finanzinstitute durchgesetzt wurden. (Nuscheler 2006, S. 82)

Die dritte Dekade der Entwicklungspolitik verlief für eine Vielzahl der Entwicklungsländer extrem negativ. Zwischen 1980 und 1987 wiesen von 72 Entwicklungsländern 20 eine Stagnation ihrer Entwicklung und 30 negatives Wachstum von 4-7 Prozent auf. Die Entwicklungsländer waren nach diesem Jahrzehnt zu großen Teilen in schlechterer Verfassung als in den fünfziger und sechziger Jahren und weltpolitisch waren sie zu bloßen Bittstellern ohne Druckmittel degradiert. (Menzel 1992, S. 15)

Schon zum Ende der achtziger Jahre mussten der IWF und die Weltbank einsehen, dass ihre Konzeptionen nicht die erwünschten Erfolge brachten und viele der Strukturanpassung zu einer Schädigung im sozialen Bereich geführt hatten. Zwar wurde weiterhin auf marktwirtschaftliche Reformen gebaut, aber dabei sollte zukünftig mehr auf die sozialen und politischen Vorrausetzungen geachtet werden. (Lachmann 2010, S. 19)

2.7 Die vierte Dekade (1991 – 2000) – Neuorientierung und nachhaltige Entwicklung

Eine Neuorientierung, sowohl in der internationalen Ordnung als auch in der Entwicklungshilfe, ergab sich aus dem Ende des Kalten Krieges.

Zum einen versprach man sich aus dem Wegfall der durch den Ost-West-Konflikt verursachten militärischen Kosten einen höheren Beitrag für die Entwicklungshilfe (die sogenannte Friedensdividende) (Lachmann 2010, S. 19) und zum anderen waren die Geberländer nun von den geostrategischen Sachzwängen des kalten Krieges befreit und konnten partizipatorische Entwicklungspolitik betreiben. (Nuscheler 2006, S. 85) Darunter verstanden die Geberländer die Beförderung von Rechtsstaatlichkeit und *Good Governance* (Verantwortliches und gesetzmäßiges Regierungs- und Verwaltungshandeln), die Förderung von Demokratisierung, die Durchsetzung von Menschenrechten, aber auch das Unterstützen marktwirtschaftlicher Reformen. (ebd.) Diese Ziele sollten durch eine Konditionalisierung der Entwicklungshilfe erreicht werden, also das Binden der Entwicklungshilfe an eine Verbesserung in den gewünschten Bereichen. (Ihne und Wilhelm 2006, S. 11)

Ein Schlagwort dieser Zeit war die „nachhaltige Entwicklung", ein Begriff, der erstmals im Brundtland-Bericht 1987 gefallen war und der für mehr als die ökologische Dimension stand, nämlich für alle drängenden Problemfelder der Welt. (Ihne und Wilhelm 2006, S. 12; Nuscheler 2006, S. 86) Es flossen neue Überlegungen in die Debatte ein, die sich mit Nachhaltigkeit, Umweltschutz und Ressourcenverbrauch befassten. Zu den wichtigsten Leitdokumenten dieser Dekade zählt deswegen die Agenda 21, die 1992 in Rio de Janeiro verabschiedet wurde und die in vielen Staaten zur Leitlinie ihrer Entwicklungspolitik wurde, und die acht Milleniums-Entwicklungsziele der Vereinten Nationen von 2000. (Ihne und Wilhelm 2006, S. 11). Dazu gehörten unter anderem die Beseitigung von extremer Armut, die Gleichstellung der Frau, die Sicherung der Grundschulbildung für Kinder und die Sicherung ökologischer Nachhaltigkeit. (United Nations 2012)

Allerdings wirkte sich das Ende des kalten Krieges auf die reale Zahlung von Entwicklungshilfe negativ aus. Statt einer Friedensdividende gab es Budgetkürzungen bei den westlichen Geberstaaten. (Lachmann 2010, S. 19) Zusätzlich wurde die Entwicklungshilfe nun auf mehr Länder verteilt, da auch die neu entstanden Staaten aus dem ehemaligen Ostblock Unterstützung benötigten. (Gieg 2010, S. 17) Die Entwicklungshilfe befand sich in einem Abwärtstrend.

2.8 Die gegenwärtige Situation der Entwicklungshilfe

Die Terroranschläge vom 11. September 2001 führten dazu, dass das sicherheitspolitische Denken des Westens wieder stärker ausgeprägt wurde. Dazu gehörte auch die Erkenntnis, dass Armut und Terror zwar vielleicht nicht direkt miteinander korrelieren, aber eine Bekämpfung der Armut auch der Sicherheit dienen könnte. (Ihne und Wilhelm 2006, S. 12) Daraus erwuchs die Ansicht, dass „state-building" die neue Aufgabe der Entwicklungspolitik sein sollte. Dies beinhaltet die Idee, durch Hilfsleistung Prozesse zu unterstützen (je nach Ausgangslage systemische oder politische), die notwendig sind, um einen nach westlichen Vorbild geprägten Staat entstehen zu lassen. Diese Idee verknüpft damit die Entwicklungspolitik mit einer sicherheitspolitischen Komponente, da von fragilen oder „failed states" eine Bedrohung für die ganze Staatenwelt ausgehe. (Debiel et al., S. 14) Allerdings bestand und besteht durch diese Entwicklung die Gefahr, dass die Ziele der Entwicklungspolitik, wie sie in den neunziger Jahren und in den *Millenium Development Goals*[6] formuliert wurden, in den Hintergrund geraten, da die ODA statt für „reine Entwicklungshilfe" für UN-Friedensmissionen zweckentfremdet würde. (Nuscheler 2006, S. 93)

2.8.1 Die „Neuen Geber"

Eine weitere Veränderung stellt das Auftreten der „Neuen Geber" dar, wobei auf viele die Beschreibung „Neu" nicht zutrifft, da sie schon seit Jahrzehnten Entwicklungshilfe leisten. Zu diesen Gebern zählen unter anderem Saudi-Arabien, Indien, Venezuela und China. (Chahoud 2008) Die Sicht dieser Akteure auf die Entwicklungspolitik ist anders als die der DAC-Geber, da sie bestimmt ist von ihren eigenen Erfahrungen als Entwicklungsländer. Sie vermeiden es sich als Geberländer zu bezeichnen und formulieren stattdessen eine Entwicklungspartnerschaft auf Augenhöhe. Ihre Entwicklungszusammenarbeit ist zumeist geprägt von einer Win-

---

[6] Die Millenium Development Goals wurden 2000 durch die UN-Generalversammlung verabschiedet und enthält 8 Ziele, die bis 2015 erreicht werden sollten. Dazu zählen zum Beispiel: Drastische Reduzierung der Armut, Senkung der Kindersterblichkeit, Bekämpfung von HIV und AIDS und der Aufbau einer weltweiten EntwicklungspartnerschaftBMZ 2006, S. 172

Win-Rhetorik und die Entwicklungshilfe findet vor allem im wirtschaftspolitischen Bereich statt. (Knappe 2011, S. 1) Diese Süd-Süd-Kooperation[7] ist für den Norden eine diffizile Angelegenheit und wird bislang vornehmlich skeptisch betrachtet, während sie von den Entwicklungsländern zumeist begrüßt wird, ist sie doch eine Alternative zu der westlichen Konditionalität der letzten zwei Jahrzehnte, die oft als erneuter Souveränitätsverlust erlebt wurde. (Tull 2008, S. 119)

3. Ein alter „neuer" Akteur – die sino-afrikanische Verbindung

Auch wenn es häufig als ein solcher bezeichnet wird, ist China kein neuer Akteur in Afrika. Unter den Song (960 -1279) gab es chinesische Verbindungen zu diesem Kontinent und auch der erst seit kurzem als Held wiederentdeckte Seefahrer Admiral Zheng He hinterließ hier im Auftrag der Ming seine Spuren. Auf diese Jahrhunderte alten Kontakte wird heutzutage immer wieder gerne durch die Chinesen verwiesen.[8] Dass die Chinesen entgegen den späteren europäischen Entdeckern nicht als Eroberer kamen und Afrika auch nicht kolonisierten, wird dabei als Beweis für die friedliche und kontinuierliche Beziehung verstanden. (Grimm 2011b, S. 12) Auch die gemeinsam erlittenen Erfahrungen mit Kolonialismus und Imperialismus gelten als Bindeglied zwischen Afrika und China – zumindest rhetorisch. Entgegen der Bekundung der *"All-weather-Friendship"* (Guijin 2007, S. 75), gab es in den tatsächlichen diplomatischen Beziehungen in den letzten sechzig Jahren immer wieder Höhen und Tiefen.

3.1 Chinas Afrikapolitik in den fünfziger und sechziger Jahren – Revolutionäre Phase und Zwischenzonentheorie

1949 wurde die Volksrepublik China gegründet und stand nun vor innenpolitischen wie außenpolitischen Herausforderungen. Innenpolitisch stand der Vorsitzende der Zentralen Volksregierung und spätere Staatspräsident Mao Tse-Tung vor der Aufgabe, das durch einen jahrelang andauernden Bürgerkrieg destabilisierte und geschwächte Land wieder aufzubauen, wirtschaftlich zu entwickeln und dabei die Machtverhältnisse zu Gunsten der Kommunistischen Partei zu konsolidieren. Um dies zu ermöglichen lehnte Mao sein kommunistisches Entwicklungsmodell eng an das der UDSSR an. (Sandschneider 1998, S. 170) Mao verkündete jedoch auch, dass China künftig als eigenständige Nation auf der internationalen Bühne

---

[7] Süd/Süd Kooperation meint die Hilfe der Entwicklungsländer untereinander, diese sprachliche Regelung orientiert sich an der Nord-Süd-Rhetorik in der Debatte um die Entwicklungshilfe.
[8] vgl.hierzu die Rede von Zhou Enlai 1965 in Tansania (zitiert in Taylor 2006, S. 16) oder den Beitrag von Liu GuijinGuijin 2007

auftreten wolle. Aber der Handlungsspielraum Chinas (sowie für alle anderen Nationen) war durch den Kalten Krieg enorm eingeschränkt.

Die gemeinsame Grundlage einer kommunistischen Ideologie führte in logischer Folge dazu, dass sich China und die UDSSR als Verbündete betrachteten, was im „Vertrag über Frieden, Freundschaft und gegenseitige Hilfe" von 1950 kulminierte. (Xuewu 1998, S. 493) Allerdings trennte die beiden Verbündeten mehr als sie vereinte. Verschiedene politische Verwerfungen, wie die Verurteilung von Stalins Politik nach dessen Tod durch die neue sowjetische Führung und der Versuch der sicherheitspolitischen Einflussnahme durch Chruschtschow, führten zu harscher chinesischer Kritik und weckten bei Mao den Verdacht, dass die UDSSR China zu kontrollieren gedachte und China ebenso unmündig bleiben sollte, wie es zu Beginn des 19. Jahrhunderts unter den Briten gewesen war. Dazu kam die Feststellung, dass das sowjetische Modell für China nicht geeignet war und ein eigener chinesisch-kommunistischer Weg beschritten werden musste. (Xuewu 1998, S. 499) Chinas Führung war bewusst, dass es nicht auf Verbündete im Allgemeinen verzichten konnte, wenn es sich gegen die Supermächte USA und UDSSR behaupten wollte. Das Entwickeln diplomatischer Beziehungen Chinas zu Afrika schien ein Ausweg aus dieser Situation zu sein, denn die diplomatischen Kontakte Chinas beschränkten sich zu diesem Zeitpunkt auf gerade einmal 23 Staaten, von denen zwölf kommunistisch waren; nach Afrika pflegte China überhaupt keine Kontakte, wenn man von jenen zur südafrikanischen Befreiungsbewegung absieht, die seit 1950 bestanden. (Bo 2011, S. 24; Taylor 2006, S. 20)

3.2 Von Bandung bis zur Kulturrevolution

Ein Kerndatum für den Aufbau dieser diplomatischen Beziehungen stellte die Konferenz von Bandung im April 1955 dar. Die Konferenz bestand aus 23 asiatischen und 6 afrikanischen Staaten und hatte das Ziel, die Beziehungen zwischen den beiden Kontinenten zu vertiefen. (Gieg 2010, S. 52) Auf dieser Konferenz verkündete China erstmalig seine fünf Prinzipien der friedlichen Koexistenz[9], welche die chinesische Außenpolitik in den nächsten Jahrzehnten bestimmen sollte. (Asche und Schüller 2008, S. 14) Ein wichtiges Element der chinesischen Selbstdarstellung auf dieser Konferenz, aber auch der folgenden Politik war der Hinweis auf die gemeinsam erlebten Kolonialismus-Erfahrungen, die China und Afrika teilten und die über alle Ideologien hinweg Grundlage sein sollten für die gemeinsame Politik gegen den

---

[9] 1.) Respekt der territorialen Integrität; 2.) Ablehnung von Aggression; 3.) Nichteinmischung in innere Angelegenheiten anderer Länder; 4.) Gleichheit und gegenseitiger Nutzen;5.) friedliche Koexistenz. Asche und Schüller 2008, S. 14

Imperialismus und den „Neo-Kolonialismus" der Supermächte. (Men 2010, S. 125) Und diese Politik war erfolgreich: China knüpfte erste wirtschaftliche Beziehungen mit einem afrikanischen Staat (Ägypten) und erste Verbindungen zu den Staaten, die sich in den darauf folgenden Jahren von ihren Kolonialherren unabhängig machten. (Taylor 2006, S. 20) Als Zeichen für sein Interesse an Afrika gründete es 1956 eine eigene Abteilung für Westasien und Afrika in seinem Außenministerium, sandte in den nächsten Jahren Militärhilfe[10] und diplomatische Missionen auf den afrikanischen Kontinent und versuchte eine Koalition der Entwicklungsländer gegen die imperialen Bestrebungen der UDSSR und der USA aufzubauen. Um Letzteres zu erreichen, setzte China auf zwei Strategien. Einerseits baute es zunehmend diplomatische Kontakte zu den frisch unabhängig gewordenen Staaten in Afrika auf (zwischen 1960 und 1965 nahmen 14 Staaten diplomatische Beziehungen zu China auf, (Taylor 2006, S. 23) andererseits unterstützte es auch afrikanische Befreiungsbewegungen durch das 1961 gegründete *Afro-Asian-Solidarity Fund Comittee*. Die Hilfsleistungen bestanden aus Geld, Waffen und Ausbildung. Chinas Beziehungen zu den afrikanischen Staaten waren dabei nicht ausschließlich von der ideologischen, also kommunistischen Komponente geleitet, sondern richteten sich mehr danach, wie es den sowjetischen Einfluss in Afrika unterminieren konnte. (Taylor 2006, S. 23)

Mao rechtfertigte diese ideologieübergreifende Politik mit der Zwischenzonentheorie. Danach bildeten die USA und die UDSSR jeweils eine Zone, dazwischen gab es die Zwischenzone, die sich noch einmal in zwei Sphären aufteilte. Die Sphäre der westlichen Industrieländer, die von den USA ausgebeutet werden und ihrerseits die Entwicklungsländer ausbeuten, und die Sphäre der Entwicklungsländer, die sich gemeinsam gegen den Imperialismus der Supermächte wehren sollten. (Gieg 2010, S. 54)

Die Wichtigkeit Afrikas für China zu dieser Zeit wird besser ersichtlich, betrachtet man die Anzahl der chinesischen Delegationen, die Afrika in dieser Zeit besuchten: Zwischen 1959 und 1962 gab es insgesamt 87 chinesische Delegationen. Ein Höhepunkt war 1963/64 eine ausgedehnte Afrika-Reise des chinesischen Ministerpräsidenten Zhou Enlai, die einmal mehr zeigen sollte, dass China für Afrika im Kampf gegen Hegemonialbestrebungen jeglicher Art einzustehen gedachte. Es empfahl sich als sozialistische Alternative zur Sowjetunion und als Führung im Kampf gegen die erste und die zweite Welt. (Taylor 2006, S. 22) Hierzu formu-

---

[10] Beispielsweise schickte es 280.000 Freiwillige als Helfer während der Suez-Krise nach Ägypten (Taylor 2006, S. 21)

lierte China acht Prinzipien für wirtschaftliche und technische Entwicklungshilfe im Ausland im Januar 1964.[11]

Einen Rückschlag für die sino-afrikanischen Beziehungen stellte die Kulturrevolution dar, die 1966 ausbrach. Die roten Garden nahmen Einfluss auf die Politik des Außenministeriums, Botschafter in Afrika wurden abberufen und stellenweise gab es von chinesischer Seite Verunglimpfungen afrikanischer Staaten und ihrer Regierungen, die dazu führten, dass diplomatische Beziehungen litten oder ganz abgebrochen wurden. (Taylor 2006, S. 32) Allerdings war diese Phase, so desaströs sie auch für Chinas Ansehen war, nur von kurzer Dauer und 1968, also während der noch andauernden Kulturrevolution, häuften sich die chinesischen Besuche in Afrika wieder und es kam zu Neubesetzungen von Botschafterposten durch die Chinesen. (Gieg 2010, S. 56) Um wieder an Ansehen zu gewinnen, startete China ein umfangreiches Unterstützungsprojekt für Afrika, das zwischen 1970 und 1976 einen höheren Umfang aufwies als das der Sowjetunion oder der USA. (Taylor 2010, S. 70) Dazu zählten Infrastruktur-Projekte wie der Bau einer 1800 kilometerlangen Eisenbahnstrecke zwischen Sambia und Tansania, die sich bis heute positiv auf das Ansehen Chinas in Afrika auswirken. (Taylor 2006, S. 37f)

3.3 Die siebziger und achtziger Jahre – Reform und Stabilität

Die chinesische Strategie, auf afrikanische Verbündete zu bauen, sorgte dafür, dass China international zu mehr Anerkennung gelangte. Nicht zuletzt aufgrund des afrikanischen Blocks gelang es China 1971 Taiwan den Platz als chinesische Vertretung in der UN erfolgreich streitig zu machen und in den UN-Sicherheitsrat aufgenommen zu werden. (Bo 2011, S. 24) Nach dieser Form der Anerkennung nahmen die diplomatischen Beziehungen Chinas sprunghaft zu. (Zwischen 1971 und 1972 nahm China mit 38 Staaten diplomatische Kontakte auf.) Dazu kam eine Verbesserung der Beziehungen zu den USA, die es China ermöglichte, in deren Folge auch mit den westlichen Industrieländern diplomatische Beziehungen zu knüpfen.

1976 starb Mao und Deng Xioaping übernahm die politische Führung. Im Jahre 1978 leitete er eine Reformpolitik ein, die China als Wirtschaftsmacht in der Welt etablieren sollte. Ziel war es, „durch marktwirtschaftliche Reformen eine Steigerung der ökonomischen Leistungsfähigkeit des Systems zu erreichen". (Sandschneider 1998, S. 181) Diese Steigerung war nur

---

[11] vgl. Kap 8

dadurch möglich, dass man sich dem Ausland öffnete, denn die Volksrepublik benötigte Zugang zu Technologien und ausländischem Investitionskapital.

Von diesen Veränderungen war auch die Afrikapolitik Chinas geprägt. Der neue Pragmatismus Chinas zeigte sich beispielsweise darin, dass friedliche Lösungen in Bereichen gesucht wurden, in denen es sich ein Jahrzehnt vorher noch für revolutionär-kämpferische Lösungen stark gemacht hatte. Ursprung für dieses Umdenken war die Erkenntnis von Deng Xioaping, dass Chinas Wachstum eine lang anhaltende und stabile Friedensphase benötigte. Eine weltweite friedliche Entwicklung erschien ihm als Garant für den wirtschaftlichen Aufschwung Chinas. (Bo 2011, S. 26) Darum erweitere China seine Prinzipien für die Zusammenarbeit mit Afrika und sprach nun auch von Stabilität, ökonomischer Entwicklung und praktischen Ergebnissen als Zielen dieser Kooperation. (Gieg 2010, S. 58f)

Die Neuausrichtung täuschte aber nicht darüber hinweg, dass Chinas Interesse an Afrika im Verlauf der achtziger Jahre zurückging. Dies hatte mehrere Gründe: Erstens verlor Afrika an strategischer Bedeutung für China je besser die politischen Beziehungen zu den UDSSR wurden, denn eines der Hauptmotive für Chinas Afrikapolitik war immer, den sowjetischen Einfluss auf dem Kontinent so gering wie möglich zu halten. Dies war nun nicht mehr nötig, da sich unter Gorbatschow die Beziehungen deutlich zum Positiven veränderten. (Gieg 2010, S. 59)

Zweitens war Chinas Reformpolitik auch ein enormer Kraftakt für die Volksrepublik. Statt Entwicklungshilfe zu leisten, wurde sie nun selbst zu einem der größten Empfänger von Entwicklungshilfekrediten durch die Weltbank. (ebd.) (Taylor 2006, S. 61)

Und drittens war Afrika für China wirtschaftlich nicht relevant. Weder hatte es die ökonomischen Ressourcen, die China für seinen Aufstieg benötigte, noch die fortschrittliche Technologie, auf die es für sein Vorankommen angewiesen war. China hielt zwar die Beziehungen aufrecht, allerdings auf einem sehr niedrigen Niveau. (Taylor 2006, S. 61) Für den eigenen wirtschaftlichen Aufstieg musste es sich stärker an den Supermächten und am Westen orientieren.

3.4 Die neunziger Jahre – Re-Orientierung nach Afrika

Ende der achtziger Jahre kam es in China vermehrt zu innenpolitischen Spannungen, da es zwar zu Reformen des wirtschaftlichen, nicht aber zu Reformen des politischen Systems gekommen war. Im April 1989 fanden die ersten Demonstrationen chinesischer Studenten statt, die eine Demokratisierung Chinas forderten. Die Demonstrationen häuften sich und endeten mit der Besetzung des Tiananmen-Platzes durch die Demonstranten. Die Lage eskalierte in der Nacht vom 03. zum 04. Juni, als Truppen der Volkbefreiungsarmee die Besetzung des Platzes gewaltsam beendeten. Auf Seiten der Demonstranten kam es dabei zu einer Vielzahl von Toten und Verletzten. (Sandschneider 1998, S. 183)

Das Vorgehen der Armee, das durch Deng Xiaoping gestattet worden war, wurde durch den Westen stark kritisiert und führte dazu, dass China international isoliert wurde. China hatte nicht mit einer solch harschen Reaktion gerechnet, bewertete die Kritik am Vorgehen gegen die Demonstranten aber als westlichen Versuch der Einflussnahme, die aus einer hegemonialen und imperialen Haltung heraus geäußert wurde mit dem Ziel, den wirtschaftlichen und ökonomischen Aufstieg Chinas zu bremsen. (Taylor 2006, S. 65) Die afrikanischen Staaten reagierten anders als der Westen: Einige schwiegen und andere teilten die Ansicht Chinas über die wahren Beweggründe der Kritik. Gerade Staaten mit autokratischer Führung äußerten Zustimmung zu diesem Vorgehen und einige Länder wie Angola und Namibia gratulierten sogar zu dem Umgang mit den „Konter-Revolutionären". (Taylor 2010, S. 70)

Diese Reaktionen und die Tatsache, dass China im Westen vorerst isoliert war, führten dazu, dass es, wie schon in den sechziger Jahren, seine Verbündeten in Afrika suchte. Erneut schlossen sich China und Afrika im (rhetorischen) Kampf gegen den Hegemonismus des Westens zusammen und diplomatisch wie wirtschaftlich startete nun eine neue Zusammenarbeit. Der damalige chinesische Außenminister Quian Qichen besuchte in drei Jahren vierzehn afrikanische Länder und das Handelsvolumen mit Afrika steigerte sich um 90 Prozent innerhalb von fünf Jahren. Auch die Entwicklungshilfe versechsfachte sich. Insgesamt zahlte China 1990 374,6 Millionen US-Dollar an 43 Entwicklungsländer, von denen die Hälfte in Afrika lag. (Gieg 2010, S. 61) Die im Gegenzug erfolgte politische Unterstützung afrikanischer Staaten und anderer Entwicklungsländer half gerade in multilateralen Organisationen wie der UN: Beispielsweise scheiterten immer wieder Anträge von EU-Staaten und der USA, Resolutionen bezüglich der Menschenrechtsverletzungen Chinas auf den Weg zu bringen, an dem Widerstand von Entwicklungsländern und afrikanischer Staaten.[12] (Men 2010, S. 131)

Chinas neue Orientierung auf Afrika in den neunziger Jahren kam zu einem günstigen Zeitpunkt: Durch das Ende des kalten Krieges war Afrika nicht mehr von strategischer Bedeutung im Kampf um die Vorherrschaft eines Systems (Kapitalismus durch die USA oder Kommu-

---

[12] So gab es zum Beispiel 2004 einen Antrag der USA bezüglich einer Resolution mit Kritik an China, die mit 28 Stimmen abgelehnt wurde, darunter 14 afrikanische Staaten (Men 2010, S. 131)

nismus durch die UDSSR) und damit gingen auch die Hilfsmaßnahmen durch die internationalen Akteure zurück, denn diese konzentrierten sich nun vornehmlich auf die unabhängig werdenden Gebiete der ehemaligen Sowjetunion. China dagegen arbeitete am Ausbau seiner Beziehungen zu Afrika. Die chinesische Expansion in Afrika hatte begonnen und erstmalig waren die wirtschaftlichen Interessen Chinas gegenüber Afrika gleichrangig mit den politischen Belangen. (Asche und Schüller 2008, S. 14)

4. Chinas Engagement in Afrika

Um den Einfluss in Afrika auszubauen liegt dem chinesischen Handeln eine auf mehreren Säulen stehende Gesamtstrategie zu Grunde. Die Vermischung von Entwicklungszusammenarbeit, wirtschaftlichen Maßnahmen und diplomatischem Aktivitäten beruht auf zwei Überlegungen:

Erstens möchte China die eigene Entwicklung fördern, um damit die eigene innere Stabilität zu sichern, denn „[...] *the legitimacy of the Communist Party of China (CPC) and ist political system is today based upon the CPC's ability to sustain economic growth."* (Taylor 2010, S. 74)

Zweitens sollen dabei anderen Akteuren auf dem internationalen Markt Befürchtungen genommen werden, die mit dem Aufstieg Chinas einhergehen. China versucht Konfrontationen zu vermeiden, um auch weiterhin den von Zhou Enlai entwickelten „friedlichen Entwicklungspfad" beschreiten zu können. (Asche und Schüller 2008, S. 18)

4.1 Schlüsselfaktoren

Für die Umsetzung des ersten Zieles, also der Förderung der eigenen Entwicklung, sind für China zwei Punkte wichtig:

4.1.1 Die Energie- und Ressourcensicherung:

Seit den Reformen Deng Xiaopings konnte China jährlich ein ungefähres wirtschaftliches Wachstum von neun Prozent verbuchen. (Taylor 2010, S. 71) Dieses Wachstum schlug sich natürlich auch im Ressourcenverbrauch nieder, 1993 war China erstmalig auf Ölimporte angewiesen. (Alden 2007, S. 12) Allein zwischen 1995 und 2000 verdoppelte sich der chinesische Verbrauch von Öl (Gieg 2010, S. 64) und auch die Folgejahre wiesen eine ähnliche Entwicklung auf.

Afrika bot und bietet China unentdeckte und unerschlossene Ölquellen, die China in seiner Position als Nachzügler bei der Ressourcensicherung äußerst nützlich sind, muss es sich doch gegen Ölmultis wie Frankreich, Großbritannien die USA und Staatskonzerne der Ölstaaten behaupten. (Gieg 2010, S. 64)

Doch nicht nur am Öl Afrikas ist China interessiert. Ebenso sind die seltenen Erden, dazu Kobalt, Kupfer, Eisenerz, Mangan für die Stahlbearbeitung und Uran wichtig für die auf Produktion und Export ausgelegte chinesische Wirtschaft. (Christensen 2010, S. 1)

4.1.2 Neue Absatzmärkte:

Zu Beginn der neunziger Jahre prognostizierten chinesische Beobachter, dass der afrikanische Markt eine makroökonomische Wende erfahren würde und dass sich für China daraus große Chancen für den Außenhandel ergeben würden. (Taylor 2010, S. 70) Um diese Chancen zu nutzen, richtete es seine Politik darauf aus, auch den Handel mit Afrika zu intensivieren

4.2 FOCAC - Forum für chinesisch-afrikanische Kooperation

Den Rahmen für die Erreichung der chinesischen Ziele in Afrika bildet das Forum für chinesisch-afrikanische Kooperation. Der Grundgedanke für ein solches Forum kam bereits 1996 von Staatspräsident Jian Zemin. Bei seinem Besuch von sechs afrikanischen Staaten äußerte er den Wunsch nach einer besser strukturierten chinesisch-afrikanischen Zusammenarbeit. (Alves 2008, S. 72) In Afrika stieß er damit auf offene Ohren, denn die afrikanischen Staaten wünschten sich ein Forum für den Kontakt zwischen Afrika und China einzurichten, welches die Beziehungen institutionalisieren und optimieren sollte, ähnlich den Kommunikationswegen, welche die USA, Europa[13] und Japan bereits etabliert hatten. (He 2008, S. 147)

4.2.1 FOCAC 2000 und 2003

Das erste FOCAC-Treffen fand im Jahr 2000 in Peking statt. 44 afrikanische Staaten sandten Minister nach China und diese tauschten sich mit chinesischen Staatsvertretern des Handels- und Außenministerium aus. Auf internationaler Ebene betonten die Teilnehmer ihre Süd-Süd Kooperation und den Kampf gegen die Ungerechtigkeiten des etablierten Weltwirtschaftssystems, die als Bedrohung des Weltfriedens und der Entwicklung dargestellt wurden. Ebenfalls formuliert wurde, dass die Staaten, die noch nicht den westlichen Entwicklungsstatus erreicht hatten, das Recht darauf hätten, ihren Weg dorthin selbst zu suchen; das gelte auch für Nor-

---

[13] z. Bsp. das franko-afrikanische Gipfeltreffen oder das ebenfalls im Jahr 2000 erstmalig stattfindende europäisch-afrikanische Gipfeltreffen

men und Werte wie der Durchsetzung und Annahme der Menschenrechte. (Taylor 2006, S. 68) Dies war im Zusammenhang mit dem ebenfalls betonten Prinzip der Nichteinmischung und der Souveränität von Staaten ein klar formulierter Seitenhieb auf die westlichen Forderungen nach Einhaltung der Menschenrechte in chinesischen und afrikanischen Ländern. Ein weiterer Punkt der gemeinsamen Erklärung bezog sich dann auf die mehr als nur wirtschaftliche Zusammenarbeit Chinas und Afrikas:

> *"We are determined to further consolidate and expand China-Africa co-operation at **all levels and in all fields** and to establish within the framework of South-South co-operation a **new-type long-term and stable partnership** based on **equality and mutual benefit**[14]. We will deepen dialogue, broaden consensus, continue to harmonize our positions on international affairs and enhance **mutual support** so as to uphold the legitimate rights and interests of China and African countries and to expand and deepen this new-type partnership between China and African countries."* (FOCAC 2000)

Damit wollte die chinesische Seite einmal mehr betonen, dass ihr der afrikanische Aufstieg ebenso wichtig sei wie das Erreichen der eigenen Ziele. Diese Diplomatie geht auf die Theorie des „friedlichen Entwicklungspfades" zurück, (Asche und Schüller 2008, S. 10) die gerade in der Süd-Süd-Kooperation dazu führte, dass China politische Wege einschlug, die zumindest rhetorisch, häufig aber auch durch verschiedene Offerten auf den gegenseitigen Nutzen ausgelegt waren. Mit dieser Erklärung hatten China und Afrika die Vorstufe zur neuen strategischen Partnerschaft geschaffen, die im Jahr 2005 ausgerufen wurde.

Das zweite Forum fand im Jahr 2003 erstmalig auf dem afrikanischen Kontinent in Addis Abeba statt. Bei diesem Treffen ging es vornehmlich darum zu bewerten, wie sich die Ergebnisse des ersten Forums auf die Zusammenarbeit ausgewirkt hatten. Außerdem wurde über neue Ziele und Möglichkeiten einer besseren Kooperation diskutiert. (He 2008, S. 148)

4.2.2 Eine neue strategische Partnerschaft - Das dritte FOCAC und das Pekinger-Gipfeltreffen 2005

Mit dem dritten FOCAC wurde die Wichtigkeit Afrikas für China offiziell erklärt. Im Jahr 2006 wurde das „Jahr Afrikas" ausgerufen (zum fünfzigsten Geburtstag der ersten diplomatischen Beziehungen Chinas zu einem afrikanischen Staat) und die chinesische Regierung

---

[14] Hervorhebungen erfolgte durch den Autor

veröffentlichte im Januar ein Strategiepapier, das ihre Außenpolitik in Afrika darstellen sollte. Hierin wurde einmal mehr darauf hingewiesen, dass die chinesisch-afrikanische Zusammenarbeit auf gegenseitigen Nutzen und Entwicklung ausgelegt sei, und dass beide Länder daran interessiert seien, *„[...to] establish and develop a new type of strategic partnership with Africa, featuring political equality and mutual trust, economic win-win cooperation and cultural exchange."* (MOFA 2006)

Die Inhalte des Strategiepapiers wurden unterstützt durch das chinesische Auftreten beim dritten FOCAC. Das sonst als Ministertreffen stattfindende Forum wurde diesmal auf höchster staatlicher Ebene abgehalten. An dem Gipfeltreffen nahmen die Staatsoberhäupter und „High-Level-Repräsentanten" von 48 afrikanischen Staaten teil; Präsident Hu Jintao hielt die Eröffnungsrede. Wie wichtig den Chinesen das Treffen war zeigte sich daran, dass Kraftwerke und Fabriken schlossen, um die Luft zu verbessern (dies wurde nur 2008 für die Austragung der olympischen Spiele noch einmal gemacht), Plakate mit afrikanischen Motiven aufgestellt wurden und die staatlichen Medien umfassend über den Gipfel berichteten. Den afrikanischen Staatsoberhäuptern sollte Wertschätzung gezeigt und damit untermauert werden, dass sie nicht als Bittsteller betrachtet wurden, sondern als gleichrangige Partner im Sinne des *multual benefit*. (Gieg 2010, S. 69) Zu dieser Darstellung gehört ebenfalls, dass China trotz seines Aufstiegs auch weiterhin Wert darauf legt, ein Entwicklungsland zu sein, wenn auch das größte Entwicklungsland der Welt. (Hu 2006)

In seiner Eröffnungsrede stellte Hu Jintao einen acht Punkte umfassenden Aktionsplan für die Jahre 2007 bis 2009 vor und bezog sich dabei erneut auf die schon im Strategiepapier erwähnte neue strategische Partnerschaft. Um diese strategische Partnerschaft zu ermöglichen und die Beziehungen noch weiter auszubauen, sollte es zu einer Verdopplung von Hilfsleistungen für Afrika, die Gewährung von zinsgünstigen Krediten in Höhe von 3 Milliarden US-$ und die Etablierung eines Entwicklungsfonds für chinesische Firmen, die in Afrika investieren wollten, kommen. (Hu 2006) Auch die Etablierung von bis zu fünf *„economic and trade cooperation zones"* und die Ausbildung junger Afrikaner durch Auslandsstipendien wurde versprochen. (Hu 2006) Ebenfalls wurde angestrebt, bis zum Jahre 2010 den bilateralen Handel von 40 Milliarden US-$ im Jahr 2005 auf 100 Milliarden US-$ anzuheben. (Men 2010, S. 137) Die Idee dieser strategischen Partnerschaft wurde auch von afrikanischer Seite begrüßt und die Teilnehmer betonten, dass sie an einem Ausbau der Beziehungen, wie sie China anstrebte, interessiert sind. (He 2008, S. 150)

4.2.3 Das FOCAC als Steuerungsinstrument der sino-afrikanischen Beziehungen

Auch im Jahr 2009 und 2012 fand das FOCAC statt. Die Programmatik beider Treffen war jener der vorangegangenen Jahre ähnlich. Aufgenommen wurde als Punkt weiterer Zusammenarbeit zusätzlich die Suche nach Lösungsansätzen im Bereich Entwicklung in Verbindung mit Umweltschutz. (FOCAC 2009)

Mit dem FOCAC gelang es China, alle afrikanischen Staaten in ein gemeinsames Forum einzubinden, denn selbst afrikanische Staaten, die noch keine diplomatischen Beziehungen mit China unter Anerkennung ihrer „Ein-China-Doktrin" aufgenommen hatten, waren als Beobachter eingeladen. (Asche und Schüller 2008, S. 17) Die enge Verzahnung der Zusammenarbeit, die tatsächlich auf allen wesentlichen Gebieten stattfand und stattfindet, hatte dafür gesorgt, dass die zwischen Afrika und China bereits bestehende politische und ökonomische Partnerschaft auf das gewünschte Niveau der umfassenden strategischen Partnerschaft angehoben wurden. (Bo 2011, S. 36)

Allerdings wurden die auf den FOCAC vorgestellten Zusagen zumeist vorher in bilateralen Verhandlungen vereinbart und das Forum wurde als Plattform genutzt, um der Verkündung dieser Offerten eine höchstmögliche Aufmerksamkeit zu sichern. (Davies 2008, S. 10) Die bilaterale Form der Zusammenarbeit bleibt für China immer noch das Hauptinstrument, um seinen Einfluss in Afrika auszuweiten.

5. Die chinesische Entwicklungszusammenarbeit

Dies gilt auch und gerade für die Entwicklungshilfe, da China zumeist gleich komplette Projekte fördert und das Zustandekommen dieser Projekte gut abgestimmt sein muss. Die Steuerung der chinesischen Entwicklungszusammenarbeit ist dabei komplex und eine Vielzahl von Institutionen ist daran beteiligt. Diese Komplexität sorgt dafür, dass eine Bewertung der Koordination der Entwicklungspolitik und –programme bis heute für ausländische Beobachter schwierig sind. (Asche und Schüller 2008, S. 32)

5.1 Organisation der Entwicklungszusammenarbeit

Allerdings ist es möglich, einen allgemeinen Überblick über die Akteure und ihr Wirken zu erstellen. Die schematische Darstellung auf dieser Seite zeigt alle beteiligten Akteure.

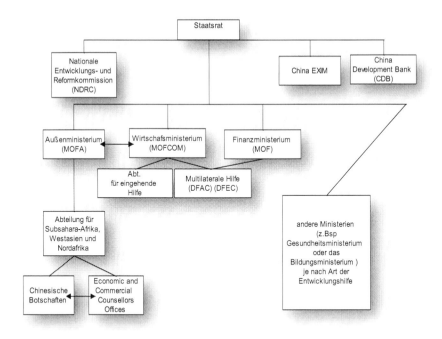

Abbildung 1: Institutionen der chinesischen Entwicklungszusammenarbeit (basierend auf Christensen 2010 und Asche und Schüller 2008)

5.1.1 Der Staatsrat

Der Staatsrat ist das höchste Exekutiv- und höchste Staatsverwaltungsorgan im chinesischen Staatsaufbau. (Davies 2007, S. 10) Es setzt sich zusammen aus ungefähr 50 Mitgliedern, unter anderem dem Premierminister, den vier Vize-Premiers, dem Außen- und dem Finanzminister sowie den Vorsitzenden verschiedener Regierungsbehörden. (Grimm 2011a, S. 12) Der Staatsrat besitzt die Schlüsselrolle bei der Entscheidungsfindung über mögliche Entwicklungszusammenarbeiten: Er genehmigt die Höhe des jährlichen „Hilfs"-Budgets, ist zuständig für die Gewährung von Krediten (ab einer gewissen Mindesthöhe) und beschließt Hilfsleistungen für „political sensitive countries". (Christensen 2010, S. 13)

5.1.2 Nationale Entwicklungs- und Reformkommission (NDRC)

Der Staatsrat arbeitet dabei mit der NDRC zusammen, der Aufsichtsbehörde für die Bewertung und Überwachung der wirtschaftlichen Entwicklung der Volksrepublik. Diese formuliert die gesamte Politik für wirtschaftliche und soziale Entwicklung. (Asche und Schüller 2008, S. 32)

5.1.3 Das Wirtschaftsministerium (MOFCOM)

Das Wirtschafsministerium ist das wichtigste Ministerium für die Durchführung der Entwicklungszusammenarbeit und ist sowohl für die zufließenden als auch für die abfließenden Entwicklungshilfegelder zuständig. (Asche und Schüller 2008, S. 32)

Das MOFCOM hat verschiedene Unterabteilungen, die verantwortlich sind für die Entwicklungszusammenarbeit:

- Die Abteilung *„Aid to Foreign Countries"* (DAFC) verantwortet die chinesische Außenhilfe. Sie formuliert die entwicklungspolitischen Pläne und setzt diese um, vergibt die Zuschüsse und zinsfreien Darlehen der Regierung und ist außerdem zuständig für die Unterzeichnung der vertraglichen Vereinbarung mit ausländischen Kooperationspartnern im Bereich der Entwicklungszusammenarbeit. (Asche und Schüller 2008, S. 32) Diese Abteilung ist eine zentrale Stelle für die chinesische Außenhilfe, da sie zwar nicht alle, aber den größten Teil der Hilfsleistungen kontrolliert. (Christensen 2010, S. 13)
- Auf einem annähernd gleichen hierarchischen Niveau steht das *„Bureau for International Economic Cooperation"*. Zu dessen Aufgaben zählt die Umsetzung von Projekten wie Schulungen und es verwaltet die Materialversorgung für Entwicklungsprojekte. Die zinsfreien Darlehen und Zuschüsse aus dieser Abteilung werden für die Technische Zusammenarbeit vergeben.(Asche und Schüller 2008, S. 33)
- Das *„Department of Foreign Economic Cooperation"* (DFEC) ist verantwortlich für die Unternehmen, die in Afrika die chinesischen Projekte umsetzen. (ebd.)
- Als beratende Abteilungen gibt es geographische Einheiten, wie das *„Department of West Asian and African Affairs"*. (ebd.)

Daneben ist das MOFCOM mitverantwortlich für die Vergabe der Konzessionskredite, deren Abwicklung aber über die Chinesische Import-Export Bank (EXIM) erfolgt.

5.1.4 Das Außenministerium (MOFA)

Zwischen dem MOFCOM und dem Außenministerium gibt es eine enge Zusammenarbeit bei der Politikkoordinierung und es steht dem MOFCOM in beratender Funktion zur Verfügung. (Christensen 2010, S. 33) Es war an der Entwicklung der aktuellen chinesischen Afrikapolitik beteiligt und ist mitverantwortlich für deren Institutionalisierung. Das FOCAC zählt demnach zu den Kompetenzbereichen des MOFA, im speziellen die Durchführung des Forums und die Vorstellung der Hilfs- und Mittelzusagen. Dazu zählt auch die Unterstützung des MOFCOM bei Verhandlung und Bereitstellung von humanitärer Hilfe, auch wenn diese nicht zum Bereich der „Auslandshilfe", wie sie vom Finanzministerium festgelegt wird, gehört. (Davies 2008, S. 14)

5.1.5 Das Finanzministerium

Das MOF bestimmt über die Aufstellung der Entwicklungshilfe, nachdem der Staatsrat den Anteil dieser am nationalen Haushalt festgelegt hat. An der Budgetaufstellung ist das MOFCOM ebenfalls beteiligt. Ebenso fallen die Beiträge an multilaterale Finanzinstitutionen wie die Weltbank oder der *African Development Bank* in den Aufgabenbereich des MOF. (Asche und Schüller 2008, S. 33)

5.1.6 Chinesische Botschaften und "Economic and Commercial Counselors Offices" (ECCO)[15]

Die Botschaften und die ECCOs werden dafür eingesetzt, Länderprogramme, die auf das jeweilige Land ausgerichtet sind, zu erstellen. Dafür werden die ECCOs mit Beamten aus dem MOFCOM besetzt und legen fest welche Bedürfnisse die Länder haben und was an Mitteln benötigt wird. (Davies 2008, S. 14) Die Botschaften sind zuständig für das sogenannte Monitoring, also die Überwachung der Projektdurchführung und die dementsprechende Berichterstattung an die chinesische Regierung. (Davies 2007, S. 45)

5.1.7 Andere Ministerien

Je nach Hilfsprogramm sind auch andere Ministerien, wie das Ministerium für Gesundheit, das Bildungsministerium oder das Landwirtschaftsministerium an der Entwicklungszusammenarbeit beteiligt. Ihre Zuständigkeiten liegen bei der Ausbildung von medizinischem und technischem Personal für ausländische Staaten, bei Bildungsprogrammen oder landwirtschaftlichen Entwicklungsprogrammen. Die Ministerien beraten das MOFCOM bei der Erstellung von Hilfsprogrammen (ihrer jeweiligen Zuständigkeitsbereiche) und der Verwaltung und Erstellung des dafür veranschlagten Budgets. Dazu gehört auch, die eingehende Entwicklungshilfe zu verwalten, die in ihren Kompetenzbereich fällt. (Davies 2007, S. 45)

---

[15] Abkürzung durch Autor

5.1.8 China EXIM-Bank

Die China EXIM-Bank wurde 1994 gegründet und ist mittlerweile eine der größten Export-Kredit-Agenturen weltweit mit einem Gesamtvermögen von ca. 1364.5 Milliarden RMB (ca. 165 Milliarden Euro)[16]. (China EXIM 2011, S. 9) Als einzige Bank Chinas besitzt sie eine Abteilung für *„Concessional Loans"*, welche sich mit der Verteilung von Krediten zu vergünstigten Zinsen befasst. (Davies 2007, S. 45) Sie ist außerdem zuständig für die Verteilung von Handels- und Investitionsgarantien, die chinesische Investitionen im Ausland (auch und besonders in Afrika) absichern sollen und sie vergibt außerdem auch nicht-konzessionale Kredite an andere Staaten. (Davies 2008, S. 20)

Neben der EXIM Bank existieren noch zwei weitere 1994 gegründete „Policy Banks", die China Development Bank und die Agriculture Development Bank. Letztere ist nicht für die Auslandskredite zuständig, während die CDB ebenfalls in Entwicklungsprojekte eingebunden ist. (Asche und Schüller 2008, S. 34)

5.2 Formen der chinesischen Entwicklungshilfe

Da China nicht wie die DAC-Staaten einer festgelegten Definition von Entwicklungshilfe folgt, ist es schwierig Art und Volumen der Entwicklungshilfe einzuschätzen. Trotzdem gibt es gewisse Grundformen.

5.2.1 Die finanzielle Grundformen

- **Grants (Zuschüsse):**[17] Bei *Grants* handelt es sich um Zuschüsse, welche nicht zurückgezahlt werden müssen. Sie werden im Wesentlichen dazu eingesetzt, soziale Vorhaben durchzuführen, wie den Bau von Krankenhäusern, Schulen oder Wasserversorgungsprojekten. (GoC 2011, S. 5) Für diese Form der Hilfsgewährung ist das *Executive Bureau of International Economic Cooperation,* eine Abteilung des MOFCOM, zuständig. (Asche und Schüller 2008, S. 35) Gleiches gilt für die Interest-free Loans.
- **Interest-free Loans:** Hierbei handelt es sich um von der chinesischen Regierung zur Verfügung gestellte zinsfreie Kredite, die hauptsächlich zum Bau von Infrastrukturprojekten und Fabriken genutzt werden. Deren Laufzeit beträgt normalerweise 20 Jahre, wobei die Summe in den ersten 10 Jahren gestundet wird und erst in der zweiten Dekade nach Kreditgewährung eine Rückzahlung erfolgt. Gegenwärtig werden diese zinsfreien Kredite nach chinesischen Angaben nur Ländern mit relativ guten ökonomi-

---

[16] Umgerechnet mit http://bankenverband.de/service/waehrungsrechner unter Verwendung des Wechselkurses vom 31.12.2011
[17] Mehr zur Vergabe siehe Kap. 5.2.4 und 5.25

schen Bedingungen gewährt, allerdings werden die Beurteilungskriterien dafür nicht genannt. (GoC 2011, S. 5)
- **Concessional Loans:** Bei Concessional Loans handelt es sich um Kredite mit vergünstigtem Zinssatz, also einem Zinssatz unterhalb der Marktbedingungen. Sie werden gewährt für gewerbliche Projekte, die ökonomische und soziale Entwicklungen generieren, ebenso wie für mittelgroße Infrastrukturprojekte, aber auch für komplette Fertigungsanlagen. Solche Kredite werden ausschließlich über die China EXIM vergeben und haben derzeit einen Zinssatz von 2-3 Prozent bei einer Rückzahlungsdauer von 15–20 Jahren (inklusive fünf bis sieben Stundungsjahren). (GoC 2011, S. 5) Die Differenz zwischen den Marktzinsen und den niedrigeren Zinsen werden vom MOFCOM getragen.

5.2.2 Die Finanzierungsprogramme

Mittels der in o.g. Weise gewährten Geldmittel werden unterschiedliche Formen von Entwicklungshilfe geleistet:

- **Vollständige Projekte (Turn-Key-Projects):** Wie der Name bereits andeutet, geht es hier um Produktions- und staatliche Projekte, bei denen China den gesamten Ablauf von der Planung bis hin zur Fertigstellung übernimmt. Dazu gehören auch die Stellung von Material und Personal. Erst mit Beendigung des Projektes geht es in den „Besitz" des Empfängerlandes über. (GoC 2011, S. 6)
- **Waren und Material:** Hierbei handelt es sich um Güter, die notwendig sind zur Verbesserung der Produktions- und Lebensbedingungen, dazu zählen unter anderem Maschinenbauteile, medizinisches Gerät, Essen und Medikamente, aber auch Zivilflugzeuge oder Lokomotiven. (GoC 2011, S. 6)
- **Technische Zusammenarbeit:** Für die Technische Zusammenarbeit werden chinesische Experten in die Partnerländer geschickt, um dort Produktionen anzuleiten, die Bedienung und Wartung der Vollständigen Projekte nach ihrer Beendigung durchzuführen oder um technisches Personal auszubilden. (GoC 2011, S. 6)
- **Human Resource Development Cooperation:** Bei dieser Entwicklungszusammenarbeit werden über bi- und multilaterale Kanäle verschiedene Ausbildungsprogramme angeboten. Dabei geht es um die Aus- und Weiterbildung im technischen Bereich, im Bildungsbereich aber auch im Austausch von Personal zwischen Entwicklungsländern und China. (GoC 2011, S. 6)

Weitere Programme, die aus dem Entwicklungsgeldern finanziert werden, sind die Aussendung von chinesischen Medizinern, die Hilfe und Behandlung in Entwicklungsländern anbieten, und das *Overseas Volunteer Program,* das es Freiwilligen ermöglicht, anderen Ländern bei der Entwicklung durch Sozialarbeit oder Bildungsarbeit zu helfen (ähnlich dem Freiwilligen Sozialen Jahr in Deutschland). (GoC 2011, S. 9)

Ebenfalls durch Entwicklungsgelder wird die Nothilfe bezahlt, die immer dann geleistet werden muss, wenn Länder durch Naturkatastrophen geschädigt wurden, zumeist bestehen Nothilfen aus Geldmitteln, stellenweise aber auch aus Hilfsgütern. (GoC 2011, S. 9)

5.2.3 Die Schwerpunktbereiche der chinesischen Entwicklungshilfe
Die Hilfsleistungen Chinas erstrecken sich auf die Sektoren Landwirtschaft, Industrie, Ökonomische Infrastruktur, öffentliche Einrichtungen und Bildung sowie medizinische Hilfe und die Kooperation im Umweltschutz. (GoC 2011, S. 13ff)

Der chinesische Fokus liegt dabei auf den Bereichen der ökonomischen Infrastruktur und der öffentlichen Einrichtungen. Dies erfüllt gleich zwei Funktionen: Zum einem nützt die Förderung der Infrastruktur dem chinesischem Handel mindestens ebenso wie dem Entwicklungsland, da eine funktionierende Infrastruktur für den Ausbau des Handels notwendig ist. Zum anderen bietet sich dabei und beim Bau von öffentlichen Einrichtungen die Chance, prestigeträchtige Hilfe zu leisten, die von den Afrikanern wahrgenommen wird und so die Perzeption der chinesischen Tätigkeiten in Afrika positiv gestaltet. (Taylor 2010, S. 77; Müller 2006, S. 94) Diese Hilfe wird vor allen Dingen in Form von *Complete Projects* gewährleistet und stellt 40 Prozent der geleisteten Auslandshilfe Chinas dar. (GoC 2011)

An dieser Stelle soll an zwei Beispielen gezeigt werden, wie der Vergabeprozess der Entwicklungshilfe im Einzelfall gesteuert ist.

5.2.4 Die Gewährung chinesischer Zuschüsse[18]
Zu Beginn steht die Anfrage einer afrikanischen Regierung an die jeweilige diplomatische Vertretung, die diese sofort weiterleitet an das zuständige ECCO. Wenn das ECCO und die Botschaft den Antrag für tragfähig halten, wird er an das MOFA und an das MOFCOM in Peking gesandt.

---

[18] Darstellung in diesem Kapitel nach (Davies 2008, S. 15ff)

Das MOFCOM sendet daraufhin ein technisches Team in das Empfängerland, welches vor Ort noch einmal begutachtet, ob das Projekt sinnvoll und tragfähig ist und erstellt gleichzeitig einen vorläufigen Budgetplan. Dabei werden auch die chinesische Botschaft vor Ort sowie das für die Anfrage zuständige Ministerium des Empfängerlandes in den Entscheidungsprozess mit einbezogen.

Zurück in China übermittelt das Beraterteam dem MOFCOM und dabei speziell der DAFC seinen Bericht. Dieser wird nun zusammen mit dem Antrag des Empfängerlandes und dem Budgetplan an verschiedene Experten vermittelt, um deren Meinung einzuholen. Dazu gehören erneut die Botschaft vor Ort, das chinesische Außenministerium und das chinesische Ministerium, in dessen Kernkompetenz der Auftrag fallen würde. (Beispielsweise wäre beim Bau eines Krankenhauses das Gesundheitsministerium involviert.)

Wird dem Projekt generell zugestimmt, wird es an den Staatsrat übermittelt. Dieser trifft nun die Entscheidung, ob das Projekt finanziert wird oder nicht. Im Falle der Zustimmung instruiert der Staatsrat das MOF die entsprechenden Mittel freizugeben.

Mit der Freigabe der Mittel initiiert das MOFCOM die Ausschreibung. Mit Ende der Ausschreibung und der erfolgreichen Vergabe beginnen die Unternehmen, die unter Vertrag genommen wurden, die Umsetzung des Projektes. Dabei ist an jedem Projekt immer mehr als eine Firma beteiligt. Während die eine für den Bau zuständig ist, ist eine andere als Qualitätskontrolle involviert. Mit Baubeginn werden die Maßnahmen durch eine Untereinheit des MOFCOM, dem *Executive Bureau of International Economic* begleitet. Allerdings ist dies eine relativ kleine Abteilung ohne überseeische Vertretung, weswegen dies meist über die lokalen Botschaften abgewickelt wird. Bis zum Abschluss des Projektes werden die Fortschritte immer wieder an das DAFC übermittelt.

Der gesamte Prozess, von der Antragstellung bis zur Implementierung, dauert dabei ungefähr ein Jahr. (Davies 2008, S. 15)

5.2.5 Die Gewährung von *Concessional loans*
Ein wichtiger Bestandteil der Entwicklungshilfe Chinas ist die Gewährung von Krediten mit günstigeren Zinssätzen als den marktüblichen Zinsen. Die China EXIM Bank ist als einziges

Institut in China dazu berechtigt, solche Kredite, beispielsweise als Exportkredite, zu vergeben. Auch an diesem Vergabeprozess ist eine Vielzahl von Akteuren beteiligt.[19]

Die Regierung eines Empfängerlandes, repräsentiert durch das Finanzministerium des jeweiligen Landes, stellt einen Antrag an die EXIM Bank mit der Bitte um die Gewährung eines Kredites zum vergünstigten Zinssatz. Die Kreditsumme muss dabei eine Mindesthöhe von 20 Millionen Yuan (ca.1.8 Millionen €) haben. Daraufhin verfasst die EXIM Bank einen Machbarkeitsbericht und gibt diesen mit einer Handlungsempfehlung an das MOFCOM weiter.

Bei einer Kreditzusage unterschreibt die Regierung einen Rahmenvertrag mit dem Empfängerland. Anschließend muss das Empfängerland einen projektbezogenen Darlehensvertrag unterzeichnen. Dies geschieht meist durch einen Minister des Empfängerlandes, während der Präsident oder der Vizepräsident der EXIM Bank für die andere Vertragspartei unterzeichnet.

Neben diesem Vertrag werden separat die Zinsen, die Rückzahlungsdauer und auch die Stundungsperiode festgelegt und unterschrieben. Stellenweise müssen Kredite, die über die EXIM abgeschlossen werden, auch mit Sicherheiten versehen werden. Ein Sonderfall davon, der sogenannte Angola-Mode, wird im Kapitel 5.5 genauer betrachtet. Nach den erfolgreich abgeschlossenen Verhandlungen erfolgt deren Bekanntgabe über die Medien und Regierungswebsites.

Bei einem Exportkredit stellt der Exporteur der chinesischen Waren die Rechnung und leitet diese an die zuständige afrikanische Stelle weiter. Diese übermittelt die Rechnung an die Landesregierung, welche eine Zahlungsanforderung an die EXIM Bank stellt. Diese zahlt den Rechnungsbetrag an den Exporteur, während die Regierung des Empfängerlandes nach Ablauf der Stundungsfrist beginnt den Kredit zurück zu zahlen. (Davies 2008, S. 18)

5.2.6 Ressourcen für Infrastruktur – das Angola-Modell

Die China EXIM ist nicht nur zuständig für die Vergabe von Exportkrediten. Auch die Kredite, die Infrastrukturprojekte finanzieren, werden über die chinesische Staatsbank abgewickelt. Eine besondere Form der Kreditgewährung ist dabei das Angola-Modell, so benannt, weil es im März 2004 erstmalig in Angola angewendet wurde.

Die Infrastruktur von Angola war nach einem mehr als zwei Jahrzehnte dauernden Bürgerkrieg fast vollständig zerstört und bedurfte dringend eines schnellen Wiederaufbaus. Aller-

---

[19] Darstellung in diesem Kapitel erfolgt nach (Davies 2008, S.15ff)

dings fehlte es an finanziellen Kapazitäten und auch Garantien für die Aufnahme eines Kredites konnten nicht bereitgestellt werden. China gewährte Angola trotzdem eine Kreditlinie in Höhe von 2 Milliarden US-Dollar, rückzahlbar durch Öllieferungen. Angeblich sahen die Bedingungen dabei wie folgt aus: der LIBOR-Zinssatz[20] plus 1,5 Prozent als Zinsrate, Rückzahlung in 10.000 Barrel von Rohöl pro Tag, wobei die Rückzahlungsbedingungen an den Ölpreis gebunden waren. Das bedeutete, dass die Rückzahlung schneller erfolgte, wenn der Ölpreis hoch ist, beziehungsweise dass bei einem niedrigen Ölpreis die Rückzahlung länger dauert. (Christensen 2010, S. 20)

Die erste Tranche dieser Auszahlung nutzte Angola unter anderem für den Kauf von 86 Krankenwagen, von Landwirtschaftsmaschinen, für den Ausbau des Straßennetzes sowie für den Ausbau des Stromnetzes der Hauptstadt Luanda. (Bräutigam 2011, S. 758)

Mittlerweile hat China über dieses Modell acht weitere Kreditverträge unter anderem mit den Staaten Sudan, Nigeria, Republik von Kongo und Ghana abgeschlossen. Jedoch waren die Vertragsbedingungen nicht immer so vorteilhaft wie im Falle von Angola. So wurde mit der Republik Kongo die Rückzahlung mittels Kobalt-, Kupfer und Goldminenkonzessionen vereinbart. Allerdings beginnt die eigentliche Rückzahlung erst dann, wenn sich die Bergbauinvestitionen amortisiert haben. Daran ist auch der Beginn der Infrastrukturmaßnahmen geknüpft, es ist also unklar, wann diese einsetzen. (Asche und Schüller 2008, S. 37)

Die Informationen über solche Kredite, auch im Bereich des Zuschussanteils, sind verhältnismäßig gering, deshalb ist deren Anteil am Entwicklungshilfebudget der chinesischen Regierung nur schwer zu bestimmen. Nach Bräutigam fließen sie überhaupt nicht in das Hilfsbudget ein, während Asche es als Entwicklungshilfe listet. (vgl. dazu Asche und Schüller 2008, S. 37undBräutigam 2011, S. 758) Nicht nur im Hinblick auf diese Kredite ist der Mangel an Informationen ein großes Problem bei der Einschätzung der chinesischen Entwicklungshilfe.

5.3 Das Volumen chinesischer Entwicklungshilfe

Allgemein ist das Volumen chinesischer Entwicklungshilf schwierig nachzuvollziehen und darum auch schwer zu vergleichen. Dies hat mehrere Gründe: Wie bereits erwähnt, meldet China seine Zahlen nicht an das OECD *Development Assisstance Commitee*. (Davies 2008, S.

---

[20] LIBOR-Zinssatz ist ein Durchschnittszinssatz zu dem eine ausgewählte Gruppe von Banken untereinander Kredite auf dem Londoner Kapitalmarkt gewähren würde. (Media)

1) Daran hat sich auch mit Chinas Annahme der Pariser Deklaration nichts geändert. Darin wird unter anderem ein verbesserter Referenzrahmen gefordert, um eine höhere Transparenz der Zahlungen zu gewährleisten(OECD 2005, S. 7), aber die Unterschrift dafür hat China mehr in seiner Rolle als Nehmerland und weniger mit Hinblick auf seine internationalen Kooperationen geleistet. (Grimm 2011a, S. 1)

Außerdem scheint die Nicht-Veröffentlichung der Zahlen auch eine Strategie zu sein, um Verärgerung und die Gefühle von Vernachlässigung oder Bevorzugung unter den afrikanischen Staaten zu vermeiden, was sich negativ auf die diplomatischen Beziehungen auswirken könnte. (Davies 2007, S. 50)

Auch die unklare Definition von „Aid" durch die chinesische Seite gestaltet die Bewertung der Hilfsleistungen schwierig. So gibt es Mischformen von *Concessional loans* und Kredite zu marktüblichen Konditionen, (Bräutigam 2011) auch die *turn-key-programs* machen es schwer, die finanzielle Höhe von Entwicklungshilfe festzustellen. Wie Davies festhält: *"The pledges are often made in terms of concrete outcomes: 30 hospitals to be built, or the number of trainings to be held, and these are not converted into separate price tags."* (Davies 2007, S. 50)

Nach Bräutigam kursierte 1998 ein Papier mit dem Titel „*Measures on Budget Managment of Foreign Aid*", nach dem folgende Punkte ins Hilfsbudget einfließen: die Kosten für die sogenannten *Turn-Key-Projects*, allgemeine und militärische Güter, Geldmittel sowie die Kosten von Ausbildungsprogrammen und Gehälter von Experten, die als Hilfestellung ins Ausland gesandt wurden. Außerdem die Zinszuschüsse für die *concessional loans* sowie Unterstützungszahlungen bzw. Rabatte auf Kosten, die mit der Investition chinesischer Unternehmen im Ausland verbunden waren. (Bräutigam 2011, S. 755)

5.3.1 Zahlen für das chinesische Entwicklungshilfevolumen

Wahrscheinlich um den Einwänden entgegenzuwirken, dass die chinesische Vergabepolitik intransparent sei, hat die chinesische Regierung 2011 ein Weißbuch herausgebracht, in der Zahlen zur chinesischen Auslandshilfe 2009 veröffentlicht wurden.

Demnach hatte China 256,29 Mrd Yuan (ca. 31.19 Mrd €[21]) an Hilfsleistungen gewährt, wovon 106,2 Mrd Yuan (ca. 12 Mrd €) in Grants, 76,54 Mrd Yuan (ca.9.3Mrd€) in zinsfreien

---

[21] Umrechung für alle angegeben Währungswerte auf dieser Seite erfolgte am 04.01.2013 mit dem Google-Währungsrechner

Krediten und 73.55 Mrd Yuan (8,9 Mrd €) in *concessional loans* ausgezahlt wurden. (GoC 2011, S. 4) Eine genauere Aufschlüsselung veröffentlichte die chinesische Regierung allerdings nicht.

Außerdem zählt das Weißbuch die Zahl der Schuldenerlasse auf, wobei unklar ist, ob diese Zahlen mit in die o.g. Entwicklungszahlen eingeflossen sind. Bei den erlassenen Schulden handelt es sich um gewährte *Interest-free loans*, die China in den Jahren 2000 bis 2009 Entwicklungsländern erlassen hat. In Afrika wurden 35 Staaten die Schulden erlassen, mit einem Gesamtwert von 18,96 Milliarden Yuan (ca. 2.31 Mrd. €).

Neben diesem zukünftig in einem Abstand von drei bis vier Jahren erscheinendem Weißbuch werden von Seiten der chinesischen Regierung keine genaueren Angaben zur geleisteten Hilfe veröffentlicht. (Dreher und Fuchs 2011, S. 4)

5.3.2 Die Empfänger der Entwicklungshilfe

Bei den Empfängerländern hält sich China ebenfalls sehr bedeckt und gibt nur die prozentuale Aufteilung der Entwicklungshilfe 2009 weltweit bekannt. So erhielt Afrika mit 45,7 % den Hauptanteil, dahinter lagen Asien mit 32, 8 %, Lateinamerika und die Karibik mit 12,7 %. Die restlichen 8,8 % teilten sich Ozeanien, Europa und andere nicht genauer definierte Gebiete. (GoC 2011, S. 11,12)

Eine weitere Darstellung der Entwicklungshilfevergabe erfolgt nach dem Einkommensniveau der Empfängerländer. Der größte Anteil der chinesischen Auslandshilfe ging mit 39,7 % an die *Least developed Countries* (LDC). 23,4 % gingen an *Other low-income countries*, 19,9 % an *Low- and medium income countries* und 11 % an *Medium- and high income Countries*. Die restlichen 6 % verteilten sich auf andere Länder. (GoC 2011, S. 12) Allerdings lassen die offiziellen Angaben auch hier offen, ob es die Definitionen der UN bezüglich LDCs und *Least developed Countries* übernommen hat oder ob dem andere Berechnungen zu Grunde liegen.

Auch wenn im Weißpapier keine genaue Aufschlüsselung erfolgt, ergeben sich durch andere Darstellungen noch etwas mehr Informationen. So wurden nach chinesischen Angaben im Jahr 2006 alle 53 afrikanische Staaten Empfänger von chinesischen Hilfsleistungen. (Davies 2007, S. 56)

5.3.3 Entwicklungshilfe über multilaterale Systeme

Ein Großteil der chinesischen Entwicklungszusammenarbeit wird über bilaterale Verträge gesteuert, allerdings gibt es auch zunehmend chinesisches Engagement in multilateralen Foren. Als Beispiel dafür kann man die Bewilligung von Nothilfe nach dem Tsunami im Dezember 2004 nennen, der in Asien ganze Landstriche zerstört hat. China ließ seine Hilfe hier über die UN fließen. Aber auch die Armutsreduktion durch die UN wird von China unterstützt und es hat ebenfalls die Millenium Development Goals mitunterzeichnet. (Davies 2007, S. 58)

Die multilaterale Arbeit in Afrika läuft über die verschiedenen regionalen Entwicklungsbanken wie der *East African Development Bank* oder der *Eastern and Southern African Trade and Development Bank*. Bei letztgenannter ist China das einzige Nicht-afrikanische Land, das an dieser Bank beteiligt ist. (Davies 2007, S. 58) Auch mit anderen Organisationen, wie die NEPAD (*The New Partnership for Africans Development*), eine Institution der African Union, hat China seine Kontakte intensiviert und in der WTO, in der China seit 2001 einen Sitz inne hat, setzt es sich, zumindest nach eigenen Angaben, für einen faireren globalen Handel ein. (Tull 2008, S. 116)

6. Chinas Handel mit Afrika

2009 wurde China der wichtigste Handelspartner für die Sub-Sahara-Zone in Afrika und überholte damit sogar die größte Volkswirtschaft der Erde, die USA. (US Department of Commerce 2010, S. 3) Damit löste China außerdem ein Versprechen ein, das es auf der FOCAC 2005 verkündet hatte: Die Steigerung des Handelsvolumens auf 100 Mrd US-$ bis zum Jahr 2010. Allgemein sind die Zahlen, die den gesteigerten Handel zwischen China und Afrika belegen, beeindruckend: Zwischen 1994 und 2008 hat sich der Handel mit Afrika um das 41fache gesteigert. Vom Jahr 1999 zum Jahr 2000 gab es eine 63,3prozentige Steigerung. Von 2004 bis 2008 wuchs der Handel um über dreißig Prozent – pro Jahr. (Bo 2011, S. 30) Betrachtet man diese Zahlen genauer ist jedoch festzustellen, die Hauptursache für den gestiegenen Handel ist der Ressourcenimport Chinas.

6.1 Chinas Erdölimporte

China ist seit 1993 Nettoimporteur von Öl. Mittlerweile muss es die Hälfte seines Bedarfes über Einfuhren decken und dieser Anteil wird sich höchstwahrscheinlich noch steigern, chinesische Schätzungen gehen von 70 % im Jahr 2020 aus.(FAZ 2012) Seit 2004 ist China der zweitgrößte Ölimporteur der Welt. China war und ist vom Öl abhängig, will es seine

Position auf dem Weltmarkt halten und ausbauen. Zu Beginn des Ölimportes war China stark auf Lieferungen aus Indonesien, dem Jemen und dem Oman angewiesen. Von dieser Abhängigkeit wollte China sich befreien und seine Ölimporte diversifizieren. (Asche und Schüller 2008, S. 23)

Afrika war für China dabei als Ziel seiner Bemühungen besonders attraktiv. Erstens weisen Länder wie Angola, Libyen, Nigeria und der Sudan noch eine Vielzahl an technisch noch nicht erschlossenen Reserven auf. (ebd.) Die afrikanischen Ölreserven dort sind von sehr hoher Qualität, verfügen über einen geringen Schwefelanteil und es wird kein großer technischer Aufwand benötigt, dieses Rohöl zu raffinieren. Dies wirkt sich positiv auf die Förder- und Produktionskosten aus. (Taylor 2010, S. 133)

Zweitens ist die Konkurrenz für China durch die USA und Europa zwar groß, aber die chinesischen Ölunternehmen haben in Afrika stellenweise den politischen Vorteil, dass sie nicht auf Sanktionen oder „schlechte Presse" Rücksicht nehmen müssen. Wo sich die westlichen Unternehmen zurückgezogen haben, können die chinesischen Staatsunternehmen leichter Fuß fassen. (Gieg 2010, S. 64) Ein Beispiel ist hierfür die chinesische Politik im Sudan. Während sich der Westen aufgrund des Bürgerkrieges und der dortigen Menschenrechtsverletzungen zurückzog und sogar Sanktionen durch die USA verhängt wurden, füllte China diese Leerstelle. Heute ist der Sudan der drittgrößte Handelspartner Chinas in Afrika. (Oliveira 2008, S. 95; Renard 2011, S. 15)

Drittens sind die meisten afrikanischen Ölstaaten nicht Mitglieder der OPEC (*Organisation of the Petroleum Exporting Countries*), Ausnahmen sind Angola und Nigeria, was sich auf die zu bezahlenden Preise auswirkt. Während OPEC-Staaten bei fallenden Preisen die Ölfördermenge reduzieren, bleibt bei den anderen Staaten der Preis stabil. (Taylor 2010, S. 136)

6.1.1 Ölfördernde Staatsunternehmen

Da Öl von so hoher strategischer Bedeutung für China ist, will es sich nicht den Unwägbarkeiten des internationalen Marktes aussetzen beziehungsweise möchte diese Unwägbarkeiten reduzieren. Dazu setzt es auf seine drei Staatsunternehmen CNPC (China National Petroleum Corporation), Sinopec und CNOOC (*China National Offshore Oil Corporation*). Diese wurden in den früher achtziger Jahren gegründet und 1998 dergestalt umstrukturiert, dass nicht mehr nur der Staat, sondern auch Privatiers daran beteiligt sind, um diese Unternehmen so auch für den Weltmarkt konkurrenzfähig zu machen. (Asche und Schüller 2008, S. 22)

Nach Einschätzung von Oliveira sind diese Firmen noch weit davon entfernt, mit der westlichen Konkurrenten mithalten zu können, da sie noch nicht einmal in der Lage seien, Offshore-Bohrungen vorzunehmen. (Oliveira 2008, S. 85,107) Diese Einschätzung ist nicht mehr vollständig korrekt. 2012 hat China seine erste Offshore-Bohrung vorgenommen (FAZ 2012), trotzdem fehlt es den chinesischen Ölunternehmen noch an Erfahrung.

Die drei chinesischen Staatsunternehmen sind in der gesamten Wertschöpfungskette integriert und die Steuerung erfolgte durch die *State Energy Administration*, die der größte Anteilseigner bei diesen Unternehmen ist. (Oliveira 2008, S. 107) Ziel dieser Unternehmen beziehungsweise des chinesischen Staates, ist es, nicht nur Öl-und Gasimport kurzfristig zu sichern, sondern auch China als Global Player bei der Ware Öl zu etablieren. Daher wird nicht nur Öl importiert, sondern auch im Ölsektor investiert. 2008 kamen schon 15 Prozent der Ölimporte aus Quellen mit chinesischer Kapitalbeteiligung. (Asche und Schüller 2008, S. 22) Ein Vorteil für die chinesischen Ölfirmen ist die fehlende Investitionsfähigkeit einiger afrikanischer Staaten. Mit diesen schließen die Ölunternehmen sogenannte *production-sharing-agreements* (PSA) ab.

6.1.2 production-sharing agreements und package deals

Bei den PSA handelt es sich um eine spezielle Vertragsform, bei der das Öl fördernde Unternehmen sämtliche Kosten und Risiken einer Exploration trägt. Dies bedeutet im Falle einer erfolglosen Suche ein Verlustgeschäft. Im Falle eines Ölfundes hat es dafür aber den Vorteil, dass es die Ölquelle ausbeuten kann bis die Kosten der Exploration (und auch der Förderlizenz) wieder eingebracht sind. Danach erst werden die geförderten Ölmengen zwischen dem Unternehmen und dem Staat, der die Förderlizenz erteilt hat, geteilt. (Taylor 2010, S. 133) Im Falle eines Ölfundes hat sich das Unternehmen mit einer relativ niedrigen Anfangsinvestition also langfristige Ölförderrechte erworben.

PSAs werden allerdings nicht nur durch chinesische Unternehmen ausgeübt, sondern sind auch bei westlichen Ölkonzernen sehr beliebt. Auch für die afrikanischen Staaten ist das Modell lohnenswert. Denn damit sind sie in der Lage, trotz fehlender finanzieller und technischer Kapazitäten wenigstens zum Teil von diesen Ölquellen zu profitieren. Wie hoch dieser Profit ist, hängt davon ab, wie erfolgreich ein Staat in den Vertragsverhandlungen ist.

Aufgrund ihrer staatlichen Steuerung haben die chinesischen Ölfirmen noch einen weiteren Vorteil in Verhandlungen. Sie können sogenannte *Package Deals* anbieten. Dabei werden für den Zugang zu den Rohstoffen im Gegenzug Hilfszahlungen, Kreditlinien und Investition in

Infrastruktur und anderen Sektoren versprochen. Solche Investitionen werden von westlichen Ölunternehmen nicht angeboten oder in Betracht gezogen. (Oliveira 2008, S. 96)

Auch für andere Rohstoffe ist China bereit zu investieren und sichert sich die Rohstoffimporte durch die Beteiligung an entsprechenden Firmen. Beispielsweise hat China im Kongo in Kupfer und Kobaltminen investiert und in Kenia in ein Titanerz-Projekt. (Asche und Schüller 2008, S. 22)

6.2 Direktinvestitionen (FDI)

Unter anderem durch die direkten Investitionen im Rohstoffbereich, (im Jahr 2006 entfielen über 40 Prozent der FDIs allein auf diesen Sektor) ist der Anteil an chinesischen Direktinvestitionen nach chinesischen Angaben in der letzten Dekade um 46 Prozent pro Jahr gestiegen. (Renard 2011, S. 18) In der ersten Hälfte von 2009 war ein 81prozentiger Anstieg von chinesischer FDI zu verzeichnen (bezugnehmend auf den gleichen Zeitraum 2008). (ebd.) Allerdings ist der Rohstoffbereich nicht mehr der einzige Investitionssektor. 2006 wurden 21,58 Prozent der FDIs in den Dienstleistungssektor investiert, 16,4 Prozent in den Finanzsektor, 6,57 Prozent in den Sektor Transport und Telekommunikation und ein ebenso großer Prozentsatz in den Waren- und Großhandel. Die Investition in Produktionsstätten für Fertigwaren lag bei 4,33 Prozent und die restlichen FDIs waren verschwinden gering auf die Bereiche Land- und Forstwirtschaft sowie Fischerei aufgeteilt. (Renard 2011, S. 19ff)

Die Verlinkung zwischen den Handelszahlen und den Investitionszahlen ist unübersehbar, allerdings versucht die chinesische Regierung dem zumindest teilweise entgegenzuwirken.

6.2.1 Der chinesisch-afrikanische Entwicklungsfond

Ein Instrument dafür ist der chinesisch-afrikanische Entwicklungsfond. Dieser wurde 2006 durch die China Development Bank aufgelegt. Er soll chinesische Unternehmen dabei unterstützen in Afrika zu investieren und dabei die ökonomische Entwicklung und den Handel in Afrika voranzutreiben. Der Fond ist auf 50 Jahre angelegt und soll insgesamt eine Höhe von 5 Mrd. US-Dollar erreichen, die in die afrikanische Entwicklung investiert werden sollen. (Davies 2008, S. 29) Insbesondere kleinere und mittelständige Privatunternehmen sollen dadurch angehalten werden in Afrika zu investieren.

6.2.2 Special Trading Zones

Auch die Schaffung von Special Trading Zones soll diese Diversifizierung der Handelsströme erleichtern. Die Special Trading Zones sind spezielle, zwischen der chinesischen Regierung und dem beteiligten Land ausgehandelte Abmachungen, die Investitionen und Handel vorantreiben sollen. Dazu zählen unter anderem Steuererleichterungen für chinesische Unternehmen im Gegenzug zur Schaffung von lokalen Arbeitsplätzen. (Davies 2011, S. 203)

Die chinesischen Maßnahmen scheinen sich auszuzahlen. Chinesische Unternehmen sehen Afrika als zweitwichtigstes Investitionsziel nach Asien an. (Asche und Schüller 2008, S.28) Schätzungsweise sind mittlerweile mehr als 800 Staatsunternehmen in Afrika aktiv und eine Vielzahl von mittleren und kleinen Unternehmen ist ebenfalls auf dem afrikanischen Markt vertreten. (Gieg 2010, S. 63) Aber wie wirkt sich dieses chinesische Handels- und Investitionsverhalten auf Afrika aus?

7. Profitiert Afrika?

Afrika hat in den letzten Jahren tatsächlich einen Aufstieg erlebt. Unter den an schnellsten wachsenden Volkswirtschaften waren zwischen 2001 und 2010 sechs afrikanische Staaten, zwischen 2011 und 2015 weitet sich diese Liste auf sieben Staaten aus. (Grimm 2011b, S. 9) Die Auslandsverschuldung, die im Jahr 2000 noch 63 Prozent an der gesamten Wirtschaftsleistung betrug, lag im Jahr 2010 nur noch bei 25 Prozent. Die durchschnittliche Sparquote liegt bei 30 Prozent gegenüber weniger als 20 Prozent vor der Jahrtausendwende. (Johnson 2011, S. 20) Und auch die *Terms of Trade*, also das Preisverhältnis zwischen Import- und Exportpreisen auf dem Weltmarkt, hat sich nicht zuletzt aufgrund der chinesischen Nachfrage nach Rohstoffen positiv für Afrika entwickelt und bringt damit dringend benötigte Kapitalmittel in die Staatskassen. (ebd.) Aber welche Risiken birgt das chinesische Engagement für Afrika und kann die positive Entwicklung beibehalten werden?

7.1 The Dutch Disease – die holländische Krankheit

Die chinesische Warenpolitik ist sehr stark auf den Kauf von Rohstoffen ausgerichtet. Dadurch hat sich bei einigen rohstoffexportierenden Staaten wie dem Sudan und Angola ein enormer Außenhandelsüberschuss aufgebaut. (Renard 2011, S. 18) Eine mögliche Folge ist die holländische Krankheit: Hierbei kann es durch den Außenhandelsüberschuss und den damit verbundenen Zufluss ausländischer Devisen zu einer unerwünschten Aufwertung der Währung kommen. Dies ist negativ für die anderen inländischen Industriezweige, die auf den Export ausgerichtet sind. (Asche und Schüller 2008, S. 57)

7.2 Steigender Konkurrenzdruck

Ein weiteres Risiko besteht in der Verdrängung afrikanischer Waren durch chinesische Importe oder Unternehmen. Als Beispiel wird hier häufig die Textilindustrie aufgezählt. Chinesische Unternehmen haben sich in verschiedenen afrikanischen Staaten wie beispielsweise Benin angesiedelt, um von Programmen wie dem AGOA (*African Groth and Opportunity Act*), einem Programm der USA, zu profitieren. Diese Programme sind dazu gedacht, afrikanischen Unternehmen den Marktzugang durch Zoll- und Handelspräferenzen zu erleichtern. (Asche und Schüller 2008, S. 52) Da die chinesischen Unternehmen aber zumeist fortschrittlicher sind und billiger produzieren können als die afrikanischen Unternehmen, verdrängen sie dadurch diese auch vom heimischen Markt, da die afrikanischen Endverbraucher dann eher zu den billigeren chinesischen Produkten tendieren. (Schaeffer 2012, S. 193–206) Dies betrifft auch den allgemeinen Import von chinesischer Ware auf dem afrikanischen Markt.

Allerdings profitiert die afrikanische Wirtschaft auch vom chinesischen Produktimport. Die dadurch sinkenden Preise wirken sich auch auf Konsumgüter aus, zum Beispiel für Transportfahrzeuge. Die dadurch sinkenden Investitionskosten und der erfolgte Ausbau der Infrastruktur durch die Chinesen schafft ein günstiges Investitionsklima, das den afrikanischen Staaten und ihren Unternehmen nützen kann. (Renard 2011, S. 23)

Für das chinesische Engagement spricht ebenfalls, dass es auch in risikoreichere Gebiete investiert und sich durch die staatliche Förderung nicht so extrem auf Gewinnerwartungen konzentrieren und an Durchschnittsrenditen orientieren muss. (Asche und Schüller 2008, S. 59) Dadurch ergeben sich immer wieder Investitionen, die wahrscheinlich durch westliche Unternehmen nicht bzw. nicht ohne Weiteres getätigt worden wären.

7.3 Chance und Risiko in gleichem Maße

Das Interesse Chinas an Afrika ist also für den Kontinent sowohl Chance als auch Risiko und kann auch noch nicht abschließend bewertet werden. Erstens sind die Auswirkungen des chinesischen Einflusses in jedem Land anders und zweitens unterliegen die wirtschaftlichen Beziehungen der afrikanischen Staaten zu China immer noch einem starken Wandel. (Gieg 2010, S. 123) Allerdings müssen die afrikanischen Staaten lernen, die chinesische Politik richtig einzuschätzen, zu bewerten und die richtigen Antworten darauf zu entwickeln. Dies liegt aber in der Verantwortlichkeit der afrikanischen Regierungen. Um von Chinas Engagement zu profitieren, muss eine „China Policy" entwickelt werden, die diesen Umständen gerecht wird. Der Ausbau der African Union, um eine Einigung der afrikanischen Interessen hervorzubringen, wäre nicht nur im Umgang mit China von Vorteil, sondern würde Afrika eine bessere Verhandlungsposition ermöglichen. Die Grundvoraussetzungen für einen Umgang auf Augenhöhe mit China sind bereits gegeben, denn Afrika hat mit seinen Ressourcenvorräten das, was China dringend braucht.

8. China in Afrika und die Folgen für die Politik des Westens

China folgt in seiner Außenpolitik und damit auch in seiner Afrikapolitik bestimmten Vorgaben, die es im Laufe der Zeit selbst oder in Zusammenarbeit mit anderen Staaten entwickelt hat. Hierzu gehören die fünf Prinzipien der friedlichen Koexistenz (vgl. Kapitel 3.2) und auch die acht Prinzipen für wirtschaftliche und technische Entwicklung im Ausland.[22] Obwohl schon 1964 von Zhou Enlai formuliert, bestimmen sie bis bis heute die Afrikapolitik mit. (Davies 2007, S. 40)

So leistet China, entgegen der landläufigen Meinung, auch Entwicklungshilfe an Staaten, die diplomatische Kontakte zu Taiwan pflegen, obwohl das grundsätzlich dem von China praktizierten „Ein-China-Prinzip"[23] widerspricht. (Davies 2007, S. 56) Die Einhaltung der acht Prinzipien, und damit die bedingungslose Hilfe, wird von China in diesem Zusammenhang als wichtiger erachtet.

Eine für Chinas Politik noch wichtigere Regel ist die der Nichteinmischung und der Anerkennung der staatlichen Souveränität anderer Länder. Gerade in Verbindung mit der „bedingungslosen Hilfe" stellt diese Art der Hilfsgewährung und die Pflege wirtschaftlicher Kontakte für den Westen ein Problem dar. Denn dieser ist seit den neunziger Jahren bemüht, seine Entwicklungshilfe und Wirtschaftskontakte nach den Regeln des *Good Governance* zu gewähren. Auch Sanktionen, die der Westen gegenüber Staaten verhängt, die Menschenrechts-

---

[22] 1. Die chinesische Regierung verfolgt konsequent die Prinzipien der Gleichberechtigung und des gegenseitigen Nutzens und betrachtet die ausländische Entwicklungshilfe nie als eine einseitige Hilfeleistung, sondern als eine gegenseitige Hilfe. 2. Die chinesische Regierung respektiert die Souveränität der Empfängerländer und knüpft unter keinen Umständen Bedingungen oder Privilegien an die von ihr angebotene Hilfe. 3. Die chinesische Regierung gewährt Kredite ohne oder mit niedrigen Zinsen und verlängert gegebenenfalls ihre Fälligkeit, um die finanzielle Belastung der Empfängerländer so weit wie möglich zu verringern. 4. Die chinesische Regierung will keine Abhängigkeit der Empfängerländer von China herbeiführen, sondern ihnen dabei helfen, sich allmählich auf die eigene Kraft zu verlassen und ihre Wirtschaft eigenständig zu entwickeln. 5. Bei der Durchführung von Hilfsprojekten ist die chinesische Regierung nach Kräften bestrebt, mit geringen Investitionen rasch Gewinne zu erzielen, damit die Empfängerländer ihre Einnahmen vermehren und Kapital akkumulieren können. 6. Die chinesische Regierung stellt in China produzierte Anlagen und Material in bester Qualität zur Verfügung, orientiert sich bei den Verhandlungen über Preise am Weltmarkt und garantiert Umtausch, wenn Lieferungen den vereinbarten Normen bzw. der vorgeschriebenen Qualität nicht entsprechen. 7. Bei technischer Hilfeleistung stellt die chinesische Regierung sicher, dass das Empfängerland die betroffene Technik völlig beherrscht. 8. Die Experten, welche die chinesische Regierung zur Entwicklungshilfe ins Ausland entsendet, dürfen die gleiche materielle Behandlung wie die einheimischen Experten genießen, aber keine Privilegien verlangen. (Chinas 8 Prinzipien der Auslandshilfe)

[23] Chinas „Ein-China-Politik" ist darauf ausgerichtet, dass Taiwan nicht als eigenständige Nation, sondern als Teil der Volksrepublik China betrachtet werden soll. Eine staatliche Anerkennung Taiwans mittels diplomatischer Kontakte führt zum sofortigen Abbruch aller Beziehungen zur Volksrepublik China. Ebenso ist eine Aufnahme von diplomatischen Beziehungen daran geknüpft. Die BRD verfolgte mit ihrer „Hallenstein-Doktrin" in den fünfziger, sechziger und siebziger Jahren eine ähnlich-gelagerte Politik in Bezug auf Anerkennung der DDR durch andere Staaten.

verletzungen begehen, schlagen angeblich durch das Verhalten Chinas fehl. Ein Beispiel wurde schon genannt: Die chinesische Investition im Sudan, zur Sicherung der dortigen Ölquellen. Ein anderes häufig zitiertes Beispiel ist die schützende Hand, die China in der UN über Zimbabwe hält. (Gieg 2010, S. 118)

8.1 Schurkenhilfe und Eigeninteresse

Aufgrund dieser Politik wird China durch westliche Stimmen oft der Vorwurf gemacht, die Außenhilfe würde „*Rouge Aid*" sein, „Schurkenhilfe", die einzig von den wirtschaftlichen Interessen Chinas gelenkt ist. Allerdings gibt es mittlerweile Studien, die diese Anschuldigung entkräften. 2012 veröffentlichte die Universität Göttingen eine Studie, die die Zahlungen von chinesischer Hilfe über die verschiedensten Quellen zusammen getragen hatte und die so über das Verhalten Chinas besseren Aufschluss geben konnte. Demnach zahlt China zwar mehr Hilfe an Länder, die ein ähnliches Stimmverhalten in der UN an den Tag legen wie China selbst und die außerdem Taiwan nicht diplomatisch anerkennen, aber es lässt sich in seinen Hilfszahlungen tatsächlich mehr von den Nöten der Empfängerländer leiten. Wie vorgeworfen, lässt China aber die Institutionenqualität nicht in seine Empfängervergabe einfließen, unterstützt aber auch nicht explizit Autokratische Regime oder Diktatoren. (Dreher und Fuchs 2011, S. 28)

8.2 ... der werfe den ersten Stein

Auch dem Westen gelingt es nicht immer, die selbst aufgelegten Regeln des *Good Governance* einzuhalten, gerade, wenn es sich um wirtschaftliche Kontakte handelt. Beispielsweise weigerte sich die Clinton-Administration, auch unter dem Druck der Öl-Lobby, gegen Nigeria[24] Öl-Importboykotte als Sanktionen trotz dort stattfindender Verletzungen von Demokratie- und Menchenrechtsstandards zu verhängen. (Gieg 2007, S. 302) Und auch die Tatsache, dass es zu einem großen Teil die westliche Politik war, die das *bad Governance* erst ermöglicht hat, macht es für die afrikanischen Staaten nicht einfacher, die westlichen Konditionalitäten zu verstehen. Man denke hierbei nur an Frankreich, dass zwischen 1960 und 1994 36 Militärinterventionen in Afrika durchgeführt hat, die zumeist darauf ausgerichtet waren, strauchelnde Regime zu stabilisieren. (Müller-Brandeck-Bocquet 2007, S. 226)

---

[24] 1995 wurde in Nigeria der Menschenrechtsaktivist Ken Saro-Wiwa durch das Regime des Diktators Sani Abacha hingerichtet.

9. Anders und doch gleich

Chinas Engagement in Afrika unterscheidet sich also vom dem westlicher Staaten weniger, als es der Westen möglicherweise wahr haben möchte. Die vorangegangenen Beispiele haben gezeigt, dass China durchaus „Hintergedanken" hat, wenn es Entwicklungshilfe leistet. Allerdings ist dies kein chinesisches Alleinstellungsmerkmal. Oder um Lachmann zu zitieren:

> „Im Allgemeinen muss man [...] davon ausgehen, dass Geberstaaten auf dem Wege der EZ vor allem **Eigeninteressen** ökonomischer, politischer und geostrategischer Art verfolgen und gar Gegenleistungen erwarten. Es gibt keine historische Evidenz, die zeigt, dass über einen längeren Zeitraum Gebernationen helfen, ohne von ihnen [den Entwicklungsländern] eine korrespondierende Gegenleistung zu erwarten, sei sie politisch, ökonomisch [oder] militärisch[...]."(Lachmann 2010, S. 8)

Die Vergangenheit hat gezeigt, dass der Westen genauso gehandelt hat und auch heute noch handelt. In Zeiten des Kalten Krieges war der Kampf gegen den Kommunismus die westliche Antriebskraft, heute ist es die Wirtschaftlichkeit des eigenen Handelns. Zwar formuliert der Westen auch heere Ziele, *Good Governance*, bessere Transparenz und Anti-Korruptionsgesetze. Aber während auf der einen Seite diese positiven Ziele aufgestellt werden, so werden sie auf der anderen Seite durch eigenes Handeln unterminiert und diskreditiert. Wenn sich die USA einerseits für eine bessere Transparenz bei Geschäften einsetzt und dabei der Haupthandelspartner in Afrika Angola ist, ein Land das schwer mit der Korruption zu kämpfen hat, dann wirkt dies fast ein bisschen zynisch.

Die westliche Betrachtungsweise muss also möglicherweise ein wenig aufgelockert werden – ein Paradigmenwechsel ist notwendig, der mehr auf die Bedürfnisse der Menschen achtet und weniger Forderungen stellt, die nicht zwangsläufig zur Erfüllung der selbst gesetzten Ziele beitragen. Dabei den gegenseitigen Nutzen als Rahmen zu setzen und auf eine tatsächliche Partnerschaft hinzuarbeiten ist ein vielversprechender Anfang.

Der Westen im Allgemeinen und Europa in Besonderen sollte sich von seiner Geschichte lösen, ohne sie zu vergessen. Möglichen paternalistischen Reflexen nicht mehr nachzugeben und das geringe Zutrauen in die afrikanische Eigenverantwortlichkeit abzulegen, sollte dabei Vorrang haben. Einen gemeinsamen Weg mit China zu finden um die Armut in Afrika zu beseitigen, sollte eher das Ziel des Westens sein, als jede Hilfsmaßnahme, die den westlichen Ansichten widerspricht, zu kritisieren.

Auch China muss seine Afrikapolitik hinterfragen, doch wird es dies nicht tun, weil westliche Kräfte darum bitten oder darauf bestehen. Dies wird nur geschehen, wenn afrikanische Staaten mit China auf Augenhöhe verhandeln. Afrika hat eine lange und schwierige Zeit hinter sich und ist noch nicht am Ziel seiner Entwicklung angekommen. Die Aufgabe aller Staaten, die dazu in der Lage sind, ist es, Afrika bei diesem Weg zu begleiten - nicht den Weg zu bestimmen.

Quellen und Literaturverzeichnis

Quellen

China EXIM (2011): Annual Report 2011. Online verfügbar unter http://www.eximbank.gov.cn/annual/2011/2011nb06-11.pdf, zuletzt aktualisiert am 05.07.2012, zuletzt geprüft am 31.12.2012.

FOCAC (2000): Beijing Declaration of the Forum on China-Africa Cooperation. Online verfügbar unter http://www.focac.org/eng/ltda/dyjbzjhy/DOC12009/t606796.htm#, zuletzt geprüft am 17.12.2012.

FOCAC (2009): FORUM ON CHINA-AFRICA COOPERATION SHARM EL SHEIKH ACTION PLAN(2010-2012). Online verfügbar unter http://www.focac.org/eng/ltda/dsjbzjhy/hywj/t626387.htm, zuletzt aktualisiert am 09.08.2012, zuletzt geprüft am 19.12.2012.

GoC (2011): Chinas Foreign Aid. Hg. v. Information Office of the State Council. Online verfügbar unter http://www.unicef.org/eapro/China_White_Paper_on_Foreign_Aid.full_text.pdf, zuletzt aktualisiert am 30.09.2011, zuletzt geprüft am 31.12.2012.

Hu, Jintao (2006): Address by Hu Jintao President of the People's Republic of China at the Opening Ceremony of the Beijing Summit of the Forum on China-Africa Cooperation. Online verfügbar unter http://www.focac.org/eng/ltda/dscbzjhy/SP32009/t606840.htm, zuletzt aktualisiert am 09.08.2012, zuletzt geprüft am 19.12.2012.

MOFA (2006): China's African Policy. Online verfügbar unter http://www.fmprc.gov.cn/eng/zxxx/t230615.htm#, zuletzt aktualisiert am 19.08.2011, zuletzt geprüft am 19.12.2012.

OECD (2005): OECD. Erklärung von Paris über die Wirksamkeit der Entwicklungszusammenarbeit. Online verfügbar unter http://www.oecd.org/dac/aideffectiveness/35023537.pdf, zuletzt aktualisiert am 30.06.2010, zuletzt geprüft am 04.01.2013.

United Nations (2012): Milleniums-Entwicklungsziele. Bericht 2012. New York.

US Department of Commerce (2010): US- Sub Sahara Trade Profil 2010, zuletzt geprüft am 03.01.2013

Sekundärliteratur

Alden, Chris (2007): China in Africa. London ;, New York: Zed Books.

Alves, Ana Cristina (2008): Chinese Economic Diplomacy in Africa. The Lusophone Strategy. In: Christopher Alden (Hg.): China returns to Africa. A rising Power and a continent embrace. London: Hurst, S. 69–82.

Andersen, Uwe (1995): Entwicklungspolitik/-hilfe. In: Wichard Woyke (Hg.): Handwörterbuch internationale Politik. 6. Aufl. Opladen: Leske und Budrich, S. 85–95.

Andersen, Uwe (2005): Internationale Akteure der Entwicklungspolitik. In: Bundeszentrale für politische Bildung (Hg.): Information zur politischen Bildung. Entwicklung und Entwicklungspolitik (1). München: Fanzis' print&media, S. 37–45.

Ansprenger, Franz (1995): Entkolonialisierung. In: Wichard Woyke (Hg.): Handwörterbuch internationale Politik. 6. Aufl. Opladen: Leske und Budrich, S. 68–74.

Asche, Helmut; Schüller, Margot (2008): Chinas Engagement in Afrika. Chancen und Risiken für Entwicklung. Hg. v. GtZ.

Baumann, Yvonne (1990): John F. Kennedy und "foreign aid". Die Auslandshilfepolitik der Administration Kennedy unter besonderer Berücksichtigung des entwicklungspolitischen Anspruchs. Stuttgart: F. Steiner.

BMZ (2006): Medienhandbuch Entwicklungspolitik. Bonn: BMZ.

Bo, Zhiyue (2011): China's Design of Global Governance. The Role of Africa. In: Jing Men und Benjamin Barton (Hg.): China and the European Union in Africa. Partners or competitors? Farnham, Surrey ;, Burlington, VT: Ashgate, S. 23–29.

Bräutigam, Deborah (2011): Aid "with Chinese characteristics". Chinese foreign aid and development finance meet the OECD-DAC aid regime. In: *Journal of international development* 23 (5), S. 752–764.

Büschel, Hubertus (2010): Geschichte der Entwicklungspolitik. Version 1.0. Hg. v. docupedia-zeitgeschichte. Online verfügbar unter http://docupedia.de/zg/Geschichte_der_Entwicklungspolitik, zuletzt aktualisiert am 02.11.2010, zuletzt geprüft am 20.11.2012.

Büschel, Hubertus; Speich, Daniel (2009): Entwicklungswelten. Globalgeschichte der Entwicklungszusammenarbeit. Frankfurt am Main: Campus.

Chahoud, Tatjana (2008): Serie Entwicklungsfinanzierung: Neue Geber in der Entwicklungskooperation. Hg. v. Deutsches Institut für Entwicklungspolitik. Online verfügbar unter http://www.die-gdi.de/CMS-Homepage/openwebcms3.nsf/%28ynDK_contentByKey%29/ANES-7QVFQ2/$FILE/AuS%2013.2008.pdf, zuletzt aktualisiert am 08.01.2013, zuletzt geprüft am 08.01.2013.

Christensen, Benedicte Vibe (2010): China in Africa. A Macroeconomic Perspective. Hg. v. Center for global Development. Washington, DC, zuletzt geprüft am 16.12.2012.

Davies, Martyn (2008): How China delivers development assistance to Africa. Unter Mitarbeit von Nastasya Tay &. Sanusha Naidu Hannah Edinger. Hg. v. Centre for chinese Studies Stellenbosch University. Stellebosch University. Stellenbosch South Africa.

Davies, Martyn (2011): How China is influencing Africa's Development. In: Jing Men und Benjamin Barton (Hg.): China and the European Union in Africa. Partners or competitors? Farnham, Surrey ;, Burlington, VT: Ashgate, S. 187–207.

Davies, Penny (2007): China and the end of poverty in Africa. Towards mutual benefit? Sundbyberg: Diakonia.

Debiel, Tobias; Lambach Daniel; Pech, Birgit: Geberpolitik ohne verlässlichen Kompass. In: *Aus Politik und Zeitgeschichte* 2007 (48), S. 10–16.

Dreher, Axel; Fuchs, Andreas (2011): Rouge Aid? . The Determinants of China's Aid Allocation. Georg-August-Universität Göttingen. Göttingen. Online verfügbar unter http://ssrn.com/abstract=1926471, zuletzt geprüft am 04.01.2013.

Führer, Helmut (1996): The Story of Official Development Assistance. A history of the Development Assisstance Comitee and the Development Co-Operation Directorate in Dates, Names, and Figures. Hg. v. OECD. Paris. Online verfügbar unter http://www.oecd.org/dac/1896816.pdf, zuletzt aktualisiert am 17.09.1996, zuletzt geprüft am 28.12.2012.

Gieg, Philipp (2007): Die Afrikapolitik der USA. 293-320. In: Gisela Müller-Brandeck (Hg.): Die Afrikapolitik der Europäischen Union. Neue Ansätze und Perspektiven. Opladen [Germany]: Budrich.

Gieg, Philipp (2010): Great Game um Afrika? Europa, China und die USA auf dem Schwarzen Kontinent. 1. Aufl. Baden-Baden: Nomos.

Grimm, S. (2011a): Transparency of Chinese Aid. Hg. v. Stellebosch University. Stellenbosch South Africa, zuletzt geprüft am 30.12.2012.

Grimm, Sven (2011b): China as Africa's Ambiguous Ally. - Why China has a responsibility for Africa's development. Hg. v. Centre for chinese Studies Stellenbosch University. Stellenbosch South Africa, zuletzt geprüft am 16.12.2012.

Guijin, Liu (2007): All-weather Friends in Need and in Deed. China-Africa Relations Seen from the Eyes of a Chinese Diplomat. In: Marcel Kitissou (Hg.): Africa in China's global strategy. 1. Aufl. London: Adonis & Abbey, S. 75–86.

He, Wenping (2008): China´s Perspective on Contemporay China-Africa Relations. In: Christopher Alden (Hg.): China returns to Africa. A rising Power and a continent embrace. London: Hurst, S. 143–165.

Ihne, Hartmut; Wilhelm, Jürgen (2006): Grundlagen der Entwicklungspolitik. In: Hartmut Ihne (Hg.): Einführung in die Entwicklungspolitik. 2. Aufl. Münster: Lit, S. 1–40.

Johnson, Dominic (2011): Afrika vor dem großen Sprung. Lizenzausg. Bonn: BPB, Bundeszentrale für Politische Bildung.

Kaiser, Martin; Wagner, Norbert (1991): Entwicklungspolitik. Grundlagen, Probleme, Aufgaben. 3. Aufl. Bonn: Bundeszentrale für Politische Bildung.

Knappe, Katharina (2011): Was kennzeichnet die EZ "Neue Geber"? In: *KfW Development Research Entwicklungspolitik Kompakt One Pager* (4), S. 1, zuletzt geprüft am 02.01.2013.

Kruse-Rodenacker, Albrecht; Dumke, Horst; Götz, Niklas von (1970): Kapitalhilfe. Untersuchungen zur bilateralen Kapitalhilfe im Rahmen öffentlicher Leistungen. Berlin: Duncker & Humblot (Veröffentlichungen des Instituts für Empirische Wirtschaftsforschung, 5).

Lachmann, Werner (2010): Entwicklungshilfe. Motive - Möglichkeiten und Grenzen - Problemfelder. 2. Aufl. München [u.a.]: Oldenbourg.

Men, Jing (2010): China and Africa: Old Friends, New Partners. In: Dennis Hickey und Baogang Guo (Hg.): Dancing with the dragon. China's emergence in the developing world. Lanham, Md: Lexington Books, S. 125–144.

Menzel, Ulrich (1992): 40 Jahre Entwicklungsstrategie = 40 Jahre Wachstumsstrategie. In: Dieter Nohlen (Hg.): Handbuch der Dritten Welt. [acht Bände], Bd. 1. 3. Aufl. Bonn: Dietz (1), S. 131–155.

Moyo, Dambisa (2011): Dead aid. Warum Entwicklungshilfe nicht funktioniert und was Afrika besser machen kann. 1. Aufl. Berlin: Haffmans & Tolkemitt.

Müller-Brandeck-Bocquet, Gisela (2007): Die Afrikapolitik Frankreichs zwischen Einflusswahrung und Multilateralisierung. In: Gisela Müller-Brandeck (Hg.): Die Afrikapolitik der Europäischen Union. Neue Ansätze und Perspektiven. Opladen [Germany]: Budrich, S. 221–251.

Müller, Constanze (2006): Chinas Engagement in Afrika: Rhetorik und Realität. In: *China aktuell* (6), S. 90–104, zuletzt geprüft am 19.12.2012.

Nuscheler, Franz (2006): Entwicklungspolitik. 5. Aufl. Bonn: Bundeszentrale für polit. Bildung.

Oliveira, Ricardo Soares de (2008): Making sense of chinese Oil Investment in Africa. In: Christopher Alden (Hg.): China returns to Africa. A rising Power and a continent embrace. London: Hurst, S. 83–109.

Renard, Mary Francoise (2011): Chinas Trade and FDI in Africa. Hg. v. African Development Bank Group. Tunesien (Working Paper Series, 126). Online verfügbar unter http://www.afdb.org/fileadmin/uploads/afdb/Documents/Publications/Working%20126.pdf, zuletzt geprüft am 08.01.2013.

Sandschneider, Eberhard (1998): Die Kommunistische Partei an der Macht: Politische Entwicklungen bis zum Ende der Ära Deng Xiaoping. In: Carsten Herrmann-Pillath und Michael Lackner (Hg.): Länderbericht China. Politik, Wirtschaft, und Gesellschaft im chinesischen Kulturraum. Bonn: Bundeszentrale für Politische Bildung, S. 169–185.

Sangmeister, Hartmut (1992): Das Verschuldungsproblem. In: Dieter Nohlen (Hg.): Handbuch der Dritten Welt. [acht Bände], Bd. 1. 3. Aufl. Bonn: Dietz (1), S. 328–358.

Schaeffer, Ute (2012): Afrikas Macher - Afrikas Entwickler. Reportagen zur afrikanischen Gegenwart. Frankfurt a.M: Brandes & Apsel.

Taylor, Ian (2006): China and Africa. London ;, Milton Park, Abingdon, Oxon ;, New York: Routledge.

Taylor, Ian (2010): The international relations of Sub-Saharan Africa. New York ;, London: Continuum.

Tull, Denis M. (2008): The political consequence of China´s return to Africa. In: Christopher Alden (Hg.): China returns to Africa. A rising Power and a continent embrace. London: Hurst, S. 111–128.

Wolff, Jürgen H. (1998): Entwicklungspolitik, Entwicklungsländer. Fakten, Erfahrungen, Lehren. 2. Aufl. München: Olzog.

Xuewu, Gu (1998): Die Volksrepublik China zwischen den Supermächten 1949 - 1989. In: Carsten Herrmann-Pillath und Michael Lackner (Hg.): Länderbericht China. Politik, Wirtschaft, und Gesellschaft im chinesischen Kulturraum. Bonn: Bundeszentrale für Politische Bildung, S. 493–514.

Presseartikel

FAZ (2012): Tiefseebohrung: China sichert sich im Meer Öl und Einfluss - Unternehmen - FAZ. Frankfurter Allgemeine Zeitung GmbH. Online verfügbar unter http://www.faz.net/aktuell/wirtschaft/unternehmen/tiefseebohrung-china-sichert-sich-im-meer-oel-und-einfluss-11756062.html, zuletzt geprüft am 08.01.2013.

Spiegel, online (2011): Hungersnot in Afrika: "Die Krise ist menschengemacht" - SPIEGEL ONLINE. Online verfügbar unter http://www.spiegel.de/politik/ausland/hungersnot-in-afrika-die-krise-ist-menschengemacht-a-777067.html, zuletzt aktualisiert am 28.07.2011, zuletzt geprüft am 09.01.2013.

Andere Onlinequellen

Chinas 8 Prinzipien der Auslandshilfe: Chinas 8 Prinzipien. Online verfügbar unter http://german.china.org.cn/pressconference/2011-09/22/content_23473510_7.htm, zuletzt geprüft am 31.12.2012.

http://bankenverband.de/service/waehrungsrechner

Media, Triami: LIBOR - aktuelle LIBOR Zinssätze, täglich aktualisiert. Triami Media. Online verfügbar unter http://de.global-rates.com/zinssatze/libor/libor.aspx, zuletzt geprüft am 08.01.2013.

Abbildungsverzeichnis

Abbildung 1: Institutionen der chinesischen Entwicklungszusammenarbeit
(basierend auf Christensen 2010 und Asche und Schüller 2008).............................. 25

Printed in Germany
by Amazon Distribution
GmbH, Leipzig